技术资本非效率投资：

理论研究与实证检验

周红根◎著

中国财经出版传媒集团

经济科学出版社

Economic Science Press

图书在版编目（CIP）数据

技术资本非效率投资：理论研究与实证检验/周红根著.
—北京：经济科学出版社，2020.7
ISBN 978 - 7 - 5218 - 1686 - 0

Ⅰ.①技…　Ⅱ.①周…　Ⅲ.①企业管理－技术投资－
研究－中国　Ⅳ.①F279.23

中国版本图书馆 CIP 数据核字（2020）第 120052 号

责任编辑：宋　涛
责任校对：王肖楠
责任印制：李　鹏　范　艳

技术资本非效率投资：理论研究与实证检验
周红根　著
经济科学出版社出版、发行　新华书店经销
社址：北京市海淀区阜成路甲 28 号　邮编：100142
总编部电话：010 - 88191217　发行部电话：010 - 88191522
网址：www. esp. com. cn
电子邮箱：esp@ esp. com. cn
天猫网店：经济科学出版社旗舰店
网址：http://jjkxcbs. tmall. com
北京季蜂印刷有限公司印装
710 × 1000　16 开　13.75 印张　200000 字
2020 年 7 月第 1 版　2020 年 7 月第 1 次印刷
ISBN 978 - 7 - 5218 - 1686 - 0　定价：55.00 元
（图书出现印装问题，本社负责调换。电话：010 - 88191510）
（版权所有　侵权必究　打击盗版　举报热线：010 - 88191661
QQ：2242791300　营销中心电话：010 - 88191537
电子邮箱：dbts@ esp. com. cn）

前　　言

改革开放至今，技术创新的重要性在政府、社会和企业中已经达成了共识，政府和企业的研发投入逐年增加，也取得了令世人瞩目的经济成就，诞生了像华为、阿里巴巴等世界性的公司，但是也出现同一行业的不同公司研发投入和科技成果均相差无几，企业效益却出现显著差别的现象。究其原因，存在企业文化、商业模式、管理制度等方面的差异，未能将创新研发的技术给予资本化可能是一个非常重要的原因。为了实现技术创新并促进企业价值最大化，微观企业技术资本分布状况、影响技术资本投资支出和技术资本投资效率的内在机理是一个比较重要的研究课题，亟待在研究中得到验证：我国企业技术资本配置状况如何？省域间技术资本配置是否存在你追我赶，差距逐渐缩小还是逐渐扩大的趋势？一方面，公司治理是缓解代理问题的有效途径，其本身也可以用来衡量公司面临的代理问题，公司治理水平的提高可能会促进技术资本投资支出及其技术资本投资效率；另一方面，在市场不完备时，融资约束的存在可能会抑制技术资本投资支出及其技术资本投资效率。当技术资本投资出现非效率可能是融资约束与公司治理共同博弈的结果。融资约束如何单独影响技术资本投资支出和技术资本投资效率？公司治理又如何单独影响技术资本投资及技术资本投资效率？将融资约束和公司治理同时纳入统一的严格分析框架，技术资本投资支出和技术资本投资效率又将如何变化？本书正是围绕上述问题开展相应的研究，在相关文献基础上，结合资本理论、产权理论、委托代理理论等提出技术资本的内涵、属性和技术资本投资特征，研究技术资本投资与投资效率的影响因素和作用机理，提高投资效率，增加企业价值。

为了实现上述目的，采用规范分析和实证检验相结合的方法，以实证研究为主，收集并整理了 2008～2014 年沪深 A 股上市公司技术资本数据，分别按行业、区域和产权性质分组，详细描述我国技术资本配置状况。在此基础上，按照省域人均技术资本分别运用 σ 收敛和 β 收敛对我国技术资本是否存在敛散性进行了研究。接着进一步通过系统广义矩估计（GMM）、广义倾向得分匹配（GPS）、异质性随机前沿模型和改进的异质性随机前沿模型单独衡量融资约束或公司治理对技术资本投资支出及技术资本投资效率的影响。最后将融资约束和公司治理同时纳入统一的分析框架研究二者对技术资本投资支出和技术资本投资效率的共同作用或影响。鉴于我国区域经济发展不均衡、法律制度环境和微观企业产权性质的特殊性，对上述分析均按照国有和非国有，东部地区、中部地区、东北地区和西部地区最新的四大域划分法进行了分组检验和分析。

论文的主要结论为：

（1）财务学上，创造价值的是技术资本而非技术本身，技术要转化为资本需要新兴生产生活方式的孕育、技术积累和产权界定的资本形成、投入生产和交易的技术资本诞生三个过程。技术只有转化为资本才能创造价值。技术资本投资与 R&D 投资不同，R&D 投入的目的是产生高新技术，而技术资本是通过给予高新技术产权界定，并进行市场化运营的一系列资本生产机制而形成的。某种程度上，R&D 投资形成的高新技术是技术资本生成的主要渠道，但是除了 R&D 投入形成的专利、非专利技术和软件外，还包括吸收投资、外购、技术租赁、技术抵押、技术参股等途径形成的技术资本。同时，技术资本投资具有不确定性高、风险大、沉淀成本高、收益期限长、可抵押性低、竞争程度高、信息不对称性高等特征。

（2）由于市场扩容和有效性自愿披露的影响，近年来上市公司对外披露技术资本的公司数量逐年上升。其中，制造业和信息技术业对外披露的公司数量占全行业样本的 80% 左右。研究还发现，市场"无形之手"在供给侧结构性改革和"新旧动能转换"政策出台之前已经自动调节技术资本在各行业间配置状况，提高了制造业、信息技术业、农林牧渔业等急需技术创新提高核心竞争力和关乎国计民生生产手段相对落后的行业技术资本配置比例，降低或维持房地产业等过热或夕阳产业的配置比例。在区域经济不均衡方面，与其他区域相比，东部地区技术资本总量和人均技术资本更高，西部地区和东北地区总量和人均技术资本均呈现上升趋势。中部地区技术资本总量和人均技术资本和东部地区相比有一定的差异，且呈现下降的趋势。企业产权性质的差异，导致政策和管理制度的区别对待，使得国有企业无论是技术资本总量还是人均技术资本，均比非国有企业高。但也发现，国有和非国有企业在技术资本配置方面，存在你追我赶的竞争状态。

（3）总体而言，技术资本存在省域收敛的趋势。全国、东部地区、西部地区、中部地区和东北地区，人均技术资本的标准差均整体表现为逐年缩小的趋势，在 2010 年前，部分地区出现分散的趋势，但是 2010 年后，无论是全国省域间，还是四大地区都表现为非常明显的收敛趋势。为了进一步分析我国上市公司人均技术资本的敛散情况，我们还通过 β 条件收敛的检验，发现东部地区和西部地区人均技术资本存在β条件收敛、中部地区β值为负，存在收敛的迹象，但是未通过显著性水平检验、东北地区β值为正，且通过1%的显著性水平检验，所以该地区人均技术资本存在发散的趋势。这表明我国上市公司省域人均技术资本存在普遍收敛性。也就是说长期来看，我国技术资本存在资本边际报酬递减规律，经济落后地区的技术资本配置存量会慢慢追赶经济发达地区技术资本配置存量，二者的人均技术资本逐渐会趋于稳定状态。

（4）融资约束会抑制技术资本投资，减少企业技术资本投资支出；公司治理水平的提高和改善有助于增加技术资本投资，提高投资支出，且公司治理水平的提高削弱了融资约束抑制技术资本投资支出的不利影响。一方面，融资约束的影响使得技术资本投资效率的具体值为86.77%，技术资本投资效率呈现逐年下降的趋势；另一方面，公司治理影响技术资本投资效率的具体值为83.15%，技术资本投资效率上升。通过构建融资约束指数和公司治理指数，同时将二者纳入双边随机边界模型后，发现二者共同作用使得技术资本投资效率具体值为89.78%，且整体呈现大致上升的趋势。融资约束与公司治理二者对总方差作用机制的因素影响比重达到91.06%，表明融资约束和公司治理两个因素对技术资本投资的影响在所有因素中占到了绝对比重，这也检验了融资约束和公司治理两个因素共同影响技术资本非效率投资行为的内在机理。进一步，本书发现，在技术资本投资的形成过程中，融资约束和公司治理均具有一定的议价作用，公司治理的议价作用更为强势。这也说明，与一般性投资不同，技术资本投资更多地取决于公司治理的水平和程度，相比较下融资约束的议价机制作用力度稍低。

（5）技术资本投资支出取决于企业投资机会（Tobinq），未来投资机会越多，技术资本投资支出越高。融资约束方面，内部现金流虽然可以缓解企业融资约束程度，但对融资约束未来不确定性没有影响。融资约束与资本结构之间存在一定关系，外部股权融资（EQUI）和外部债权融资（DEBT）一方面可以缓解上市公司当前的融资约束水平；另一方面也会明显加剧其未来融资约束的不确定性。公司治理方面，两职合一、债务率、董事会持股比例与公司治理水平显著正相关，股权性质为国有、第一大股东持股比例与公司治理水平显著负相关；同时四委设立、独立董事占比与公司治理水平无显著关系。四委设立齐全、两职合一、董事会持股比例、独立董事占比均会降低未来公司治理的不确定性，而债务率、第一大股东持股比例、股权性质为国有的情况下，会增加未来公司治理的不确定性。

与现有文献相比，本书的创新及贡献在于：

（1）研究内容方面：在前人研究的基础上较为合理地阐述了技术资本的内涵、属性和技术资本投资特征，并从内在机理上分析了技术资本非效率投资行为是融资约束与公司治理共同作用的结果。详细界定了微观企业技术资本的范围，并对技术资本存量进行测算，还对技术资本分布状况进行了详细的描述和分析，进一步检验了省域人均技术资本的敛散性；系统地从信息不对称和委托代理的理论视角，将融资约束和公司治理同时纳入一个严格统一的分析框架，从纯微观的视角全面分析融资约束与公司治理如何影响技术资本投资和技术资本投资效率。

（2）研究方法方面：在研究技术资本投资支出方面，分别采用了系统广义矩估计（GMM）、广义倾向得分匹配（GPS）和添加交互项 GMM 调节效应模型，研究融资约束、公司治理与技术资本投资支出的影响，在某种程度上解决了模型的内生性问题，得出的结果更加可靠。在研究技术资本投资效率方面，以往的研究都是通过理查森（Richardson，2006）的效率残差模型定性地判断技术资本投资不足或投资过度。但是，技术资本投资效率会因为融资约束或公司治理受到抑制吗？如果受到抑制，那么因受抑制而损失的技术资本投资效率具体值是多少？以往的文献均未发现有过相关研究，本书采用异质性随机前沿模型、改进的异质性随机前沿模型和双边随机边界模型定量地测算技术资本投资由于上述因素具体损失值是多少。

微观企业技术资本的研究，特别是实证研究，国内外学者鲜有研究。笔者期望通过本书的研究，能够丰富技术资本的理论和实证研究的不足，引起读者、国内外学者的兴趣、讨论和进一步研究。如果读者对本书感兴趣，欢迎与笔者联系并共同探讨。

本人工作单位为齐鲁工业大学（山东省科学院），本书得到了齐鲁工业大学人文社科优秀青年学者支持计划资助出版，在此表示感谢！

周红根

于齐鲁工业大学（山东省科学院）

2020 年 6 月

目 录 Contents

第 *1* 章

导　　论

1.1　研　究　背　景

2013 年 12 月，习近平总书记在中央经济工作会议上重点提及"新常态"。此后习总书记在河南考察、党外人士座谈会和亚太经合组织等不同场合均提及谈到"新常态"。经济"新常态"，即"中国发展仍处于重要的战略时机，我们要增强信心，从当前中国经济发展的阶段性特征出发，适应新常态，保持战略上的平常心态"。经济新常态就是认识到我国经济已经步入不同于以前的高速增长状态，其主要特征有三：一是经济增长速度由高速转为中高速在我国长时间内是一种常态；二是经济和产业结构需要转型升级，须由粗放的发展模式转为以开拓式创新、生产率提升等为主要特点的发展模式；三是从传统的要素和投资驱动转向服务业和创新驱动。这就需要我们将产业链的中低端逐步转向高端，其根本途径就是通过技术创新、商业模式创新、产品创新和市场创新等。进一步，习近平总书记于 2015 年 11 月 10 日主持的中央财经领导小组会议上提出"供给侧结构性改革"，其主要内容是要求用市场改革的方法推进经济结构转型与调整，由需求侧转向供给侧的发展轨道上来，扩大有效和高端产品与市场供给，减少无效和低端供给，实施创新驱动，解决对劳动力、土地和资本等传统要素供给的同时，加大对金融、技术、创新、制度和管理的供给力度。与此同时，在 2016 年政府工作报告中三处提及"新旧动能"，强调在新旧动能转化相互交织和"新旧动能迭代更替"过程中，要加快新旧发展动能接续转换。2017 年政府工作报告从 2016 年"新旧动能"转变为"新旧动能转换"，并提出要依靠创新推动新旧动能转换和结构优化升级。从党和政府近年来逐步提出的经济"新常态""供给侧结构性改革""新旧动能转化"的大政方针和要求看出，我国目前面临着经济结构转型升级，关键是需要通过技术创新提高高端产品在市场中的比重，进而达到"新旧动能转换"的目的。所以说，技术在当前我国相当长的时间内处于非常重要的位置，整个社会和微观企业均要求不断地进行技术创新。

在经济社会不同发展时期，经济增长和企业价值增加的源泉可能都有所不同，需要顺应时代和社会发展阶段的不同特点。传统工业经济下，劳动力、土地、货币和实物等传统要素资本在社会经济发展和企业增值的过程中发挥了重要作用。但这些传统要素资本具有规模报酬递减的特点，如果一直以来依靠传统要素实现经济增长和价值增值必然会遇到瓶颈，甚至经济下行风险。在人工智能、"互联网＋"、生物制药、大数据等成为经济结构主要模式基础上，急需技术要素在经济增长中发挥决定性作用。自罗默（Romer，1986）和卢卡斯（Lucas，1988）[1]~[2] 提出内生增长理论以来，经济学家不断突破技术不变和信息不对称假设，逐步将技术纳入内生增长模型，使得经济增长不完全依赖外力推动，内生技术进步成为经济增长决定因素。在经济"新常态"下，通过"供给侧结构性改革"和"新旧动能转换"的实施，微观企业纷纷从粗放式增长模式转变到依托技术创新驱动的发展轨道上来。技术创新已经成为主旋律，形成了政府、社会和微观企业的共识。随着政府和企业对研发持续不断增加投入，技术累积与改革之初相比，得到了非常明显的改善。但企业整体业绩水平不高，部分企业，甚至部分高新技术企业经过大量的研发投入，出现了盈利和市值都大幅下降的现象。也发现同一行业不同企业研发投入相差无几，但是盈利状况呈现出明显不同。这些问题究其本质，其原因可能是经营战略、公司制度和企业文化等方面差异，但只注重技术创新过程，未将创新形成的技术给予资本化也是一个非常重要的原因。

近十几年来，随着技术创新不断深入，技术资本才逐步进入国内外研究者的视野，并逐渐成为财务学界的热点问题之一。但是研究主要采用规范研究和案例研究范式，集中在技术资本特征、属性和途径（李艳荣，1995；张景安，1999；宋琪，2004；等等）、技术资本的经济价值与政策路径（赵利光，2003；王伟光，2007；等等）、技术资本优势与价值创造（范微，2002；周江，2005；金枫，2006；等等），以及技术资本生成和产权保护（罗福凯，2009）等方面[3]。与此同时，国外学者开始尝试实证分析方法，从技术资本对国家总生产函数、国民经济核算账户、收益均衡、对外直接投资和技术资本转移等方面展开实证研究，探索技术资本与宏观经济问题的相关性。纵观国外相关技术资本文献，对微观领域的技术资本实证研究较少，其主要原因在于技术资本的命题在学术界尚未普遍接受和使用，特别对微观层面的企业技术资本尚未给出严格统一的概念表述。虽然技术资本在学术界未形成严格意义的统一概念表述，但其已经明确技术形成资本后释放的巨大能量，成为经济增长的核心驱动力[4]。针对技术资本内涵，国内外研究最具代表性的学者分别是艾伦和爱德华（Ellen and Edward，2009，2010）和罗福凯（2014）。美国学者艾伦和爱德华（2009，2010）在其《开放、技术资本与发展》和《技术资本与美国现金账户》中正式提出了技术资本（Technology Capital）的概念，将其界定为企业在研发过程中形成的技术诀窍（专利与非专利技术等）、商标以及其他一些可以与企业相分离的研发机构或中心[5]~[6]。国内学者罗福凯（2014）认为技术资本是生产过程中的技能、技巧和技艺，及其术用载体[7]。技术资本投资与 R&D 投资不同，R&D 投入的目的是产生高新技术，而技术资本是通过将高新技术给予产权界定，并经过市场化等资本生成机制而形成。某种程度上，R&D 投资形成的高新技术是技术资本生成的主要渠道，除了 R&D 投入形成的专利、非专利技术和软件外，还包括吸收投资、外购、技术租赁、技术抵押、技术参股等途径形成的技术资本。

现代财务学家认为，财务学的三大核心问题分别为融资、投资和股利分配。其中，投资对企业盈利的增长和未来现金流的创造发挥了重要作用，也直接影响了公司融资和股利分配政策等公司财务决策行为。关于投资最经典的理论是美国财务学家莫迪利亚尼和米勒（Modigliani and Miller）于 1958 年提出著名的 MM 理论。该理论认为在完美市场假设下，企业资金筹集和投资方式，与企业价值无关。完美资本市场是在不考虑交易成本、企业所得税、信息完全对称和投资者完全理性等一系列严格条件下的新古典经济学框架下产生的。但是这样的严格的假设条件在现实环境下是不存在的。伴随着詹森和梅克林（Jensen and Meckling，1976）[8] 的委托代理理论、科斯（Coase，1937）[9] 的契约理论和梅耶斯和麦吉勒夫（Myers and Majluf，1984）[10] 的信息非对称理论等制度经济学理论的产生，打破了 MM 理论严格的假设条件，非完美资本市场假设将会使投资决策偏离其最优状态，引发非效率投资，降低企业价值。在此基础上，现代企业投资是在完美市场 MM 理论严格的假设条件下，逐步放松假设条件，将委托代理、信息不对称、契约不完备性等纳入投资决策框架中来，探讨融资约束、代理冲突和控制权配置等对投资行为的影响，进一步发展和完善了 MM 理论，得到"MM 无关论"等一系列研究成果。最具代表性的是 1986 年詹森关于自由现金流假说[11]，认为经理人在面临代理问题的前提下，所有者对经理人缺乏足够的监督和约束，经理人可能会通过扩大投资形成"企业帝国"谋求在职消费和资源约束，最终导致过度投资现象。另外一个学者认为在资本市场不完备时，外部资金提供者和经理人之间由于信息不对称，外部资金提供者会要求支付额外的溢价，使得外部融资成本升高，最终可能会放弃 NPV 为正的投资项目，引发投资不足。所以说投资不足或投资过度，也即非效率投资问题是融资约束与代理成本共同博弈的结果。

然而，代理问题和公司治理二者的关系如何？有学者认为，公司治理与代理成本二者存在非常紧密的相关性。苏冶、连玉君（2011）从股权治理、控制权、外部监督、管理层激励和债务治理五个公司治理变量对代理成本进行刻画，并用来对我国上市公司代理成本进行估算[12]。起初，公司治理是为了解决两权分离的第一类代理问题，也即适合于西方国家股权分散的"单委托代理理论"，与代理成本或代理冲突存在非常密切的关系，成为缓解代理问题的一种有效途径。然而，许多国家和地区的上市公司股权相对集中甚至高度集中，比如法乔和朗（Faccio and Lang，2002），克莱杰斯、迪亚戈和朗（Claessens djankow and lang，2000）以及冯根福（2001）[13]~[15]研究发现的欧洲大部分国家和中国。这就引发了这些国家的学者对控股股东与中小股东之间的第二类代理问题研究的热潮，也即双委托代理问题（冯根福，2004）[16]。在此之后，经过众多学者加以补充和完善，委托代理理论成为包含内部治理机制和外部治理环境两个方面的一种相对成熟的公司治理分析框架。那么，由于信息不对称所引发的融资约束导致企业投资不足，而代理问题的存在，企业又会趋向于过度投资。那么公司治理机制，一方面可以作为衡量公司治理的估算变量[12]；另一方面作为缓解公司代理问题的有效途径。随着公司治理水平的提高，可能会促进公司投资支出，也会在公司投资出现过度投资时起到缓解作用，最终使投资不足与投资过度的程度相对均衡，提高投资效率，促进企业价值的增长。

在当前经济新常态下，技术创新形成高新技术是供给侧结构性改革和新旧动能转换的关键，而技术形成技术资本进行价值创造更是微观企业能否有效地推进供给侧改革和新旧动能转化顺利实施的关键。从技术资本本身来看，其特征除了具有发明性、模拟自然性和仿学复制性（罗福凯，2011）[17]，还包括增值性、商品性、创新性、垄断性、时效性、异质性、价值减损性和可分离性（许秀梅，2016）[18]之外，本书还认为技术资本本身还具有风险大、不确定性高、收益期限长等特征。某种程度上，技术资本投资是投资的一种特殊形式，与固定资产投资有所区别，技术资本投资决策有其自身的特点，具有不确定性高、风险大、沉淀成本高、收益期限长、可抵押性低、竞争程度高、信息不对称性高等特征。技术资本投资及其效率是否和一般的固定资产投资一样，受到融资约束和公司治理的双重影响？在经济新常态、供给侧结构性改革和新旧动能转换的背景下，是一个比较重要的研究问题。一方面，与一般的固定资产投资不同，由于技术资本投资具有信息不对称程度更高、可抵押性更低和沉淀成本更高等特点，外部资金提供者在提供资金时可能会要求更高的风险升水，提高资金使用成本，增加技术资本投资的融资约束程度，导致技术资本投资不足；另一方面，所有权与控制权分离所引发的代理问题在技术资本投资中，也具有与一般性固定资产投资的代理问题，引发技术资本投资过度，公司治理作为有效衡量代理成本的估算变量和缓解代理成本的有效途径，与技术资本投资之间必然存在一定关联。以往对技术资本研究主要是沿用投资的研究方法，也即投资过度与投资不足问题，归纳起来即为技术资本非效率投资问题（孙菁、周红根等，2016)[19]，将融资约束和公司治理共同纳入技术资本投资的严格的分析框架，还没有前期相关的深入研究，是一个非常重要的学术问题。

1.2 研究的问题与意义

1.2.1 研究问题

本书在人力、物质和财务等传统要素资本和技术、知识和信息等新兴要素资本的前人研究基础上，将传统要素资本合理延伸到技术资本要素。从微观企业角度，单独研究技术资本，探讨技术资本配置状况及省域人均技术资本收敛性的问题，并将融资约束和公司治理纳入统一分析框架中，研究技术资本投资问题。其中，技术资本投资包含技术资本投资支出和技术资本投资效率两个问题。基于上述分析，本书将拟研究的问题主要有：

（1）技术资本基本内涵和技术资本非效率投资行为的机理分析。在前人关于技术资本定义、属性和特征基础上，结合本人的思考，希望更为合理地界定技术资本在微观企业领域的内涵、属性和特征，分析技术资本与一般固定资产投资相比的不同投资特征，并进一步分析技术资本非效率投资行为的内在机理，构建将融资约束和公司治理共同纳入一个严格统一的分析框架。

（2）技术资本存量分布状况和敛散性研究。在界定技术资本内涵和在微观企业的范围后，对技术资本进行测算，并对测算结果进行详细分析描述，进一步对技术资本敛散性进行检验。本书将试图对上市公司技术资本进行测算，此基础上分行业、省域、区域和股权性质对其分布状况进行详细的描述与分析，利用标准差和广义系统 GMM 方法对省域人均技术资本的 σ 收敛和 β 收敛进行检验，以考察我国上市公司的省域人均技术资本的敛散性，力图在该领域做一个尝试，弥补学界对该领域的一个空白。

（3）技术资本投资支出的实证研究。技术资本投资具有不确定性高、收益期限长、沉淀成本高、可抵押性低、竞争程度高、信息不对称性高等特征，技术资本投资支出是否会由于融资约束的存在受到抑制？技术资本投资支出是否存在融资约束？在融资来源方面是否符合"优序融资理论"？公司治理水平的提高能够缓解信息不对称所引起的代理冲突，减少管理者短视行为给企业带来的损失，那么公司治理水平是否促进技术资本投资支出？公司治理作为有效缓解代理问题的有效途径，是否对融资约束与技术资本投资关系具有调节作用？

（4）技术资本投资效率的实证研究。融资约束的存在会使得投资低于其最优边界，而代理成本会使得投资超出其最优边界，公司治理即是缓解代理成本的有效途径，也可以用来衡量公司面临的代理问题，那么公司治理可能会使得技术资本投资高于其最优边界。技术资本投资效率会因为融资约束和公司治理的关系受到抑制吗？如果受到抑制，那么因受抑制而损失的技术资本投资效率是多少？公司治理水平的提高会使融资约束对技术资本的投资效率提高吗？

1.2.2　研究意义

1. 理论意义

对于投资决策，国内外相关文献较多，从不同角度来分析对投资和投资效率的影响。而技术资本最近十几年才进入国内外研究者的研究视野，主要采用规范研究范式，集中在技术资本特征、属性和途径、技术资本经济价值与政策路径、技术资本优势与价值创造以及技术资本生成原理和产权保护等方面。实证研究也仅从技术资本对国家总生产函数、国民经济核算账户、收益均衡、对外直接投资和技术资本转移等宏观经济方面展开。纵观国内外相关技术资本文献，对微观领域的企业技术资本的实证研究较少，主要集中在技术资本与其他资本的替代关系、技术资本与公司价值、技术资本与股东特质、技术资本与融资约束等角度，研究具有片面性、内生性解决不足、分散性等特点，未能将其纳入一个严格的分析框架统筹考虑技术资本投资和效率的问题。通过构建融资约束和公司治理的统一分析框架研究技术资本投资的文章更为少见。仅有的几篇相关文献是利用投资现金流敏感性检验我国技术资本配置是否存在非效率和融资方式的选择，并按公司治理指数进行分组检验融资约束与技术资本配置的关系（周红根、罗福凯等，2014）[20] 和技术资本非效率配置是由于融资约束还是代理冲突的原因（孙菁、周红根等，2016）[19]。融资约束的存在可能会导致技术资本投资减少，而代理问题又会使得技术资本投资超出其最优水平，公司治理作为缓解代理问题的有效途径，将融资约束和公司治理同时纳入分析框架，并分析技术资本非效率投资行为的内在机理，进而分析对技术资本投资和投资效率的影响，具有一定的理论价值。

2. 现实意义

首先，技术创新在微观企业的重要性毋庸置疑，但技术转化为资本对于企业保持或增加核心竞争力更为重要。技术资本投资与技术创新、研发投资有所差异，但目标具有一致性，均是使技术服务并促进企业价值增值。但是，在同一行业不同企业之间，研发投入相差无几，企业盈利状况和股价表现差异很大，究其原因可能在于技术未能资本化，未能形成技术资本进行抵押、投资入股、出售等资本运作，可能是更重要的原因。所以，让决策者认识到技术资本化后能够比单纯技术对企业创造价值的力度更大，可以使企业价值增值的程度更高具有重要的现实意义。其次，通过详细描述我国上市公司历年来全行业、国有和非国有，各区域的技术资本分布状况，并进一步对省域技术资本敛散性进行检验，对于企业决策者、政府和学术研究者等利益相关者了解我国技术资本分布状况，具有比较重要的借鉴意义和参考价值。再次，将技术资本纳入融资约束和公司治理的分析框架，可以从另外一个侧面了解到我国目前公司治理和融资约束的程度以及影响二者的因素分别是什么。进一步从二者的机理方面阐述技术资本投资和非效率的行为规律，使得企业能够更好地提高技术资本投资效率，增加企业未来核心竞争力。最后，在经济"新常态"下，供给侧结构性改革的关键是提高各类资本配置效率，特别是在当今环境下，技术资本的效率在各类资本中的位置更为关键，对目前政府主导下的供给侧结构性改革和"新旧动能转化"提供一个思路和有意义的参考，提升创新能力、促进转型升级和实现经济可持续健康发展。

1.3　研究思路与方法

1.3.1　研究思路

微观企业技术资本投资是一个相对崭新的研究课题，具有重要的理论价值和现实意义。目前国内外对微观企业技术资本投资和投资效率的研究未能形成相对系统的研究体系。本书将在相关文献述评的基础上，结合资本、融资、产权和投资等理论分析技术资本非效率投资行为，在此基础上进行研究设计。具体而言，通过研究技术资本配置状况和敛散性，为后续的研究奠定良好的基础；融资约束与技术资本投资及其投资效率的相关性；公司治理与技术资本投资及其投资效率的相关性；融资约束与公司治理共同作用于技术资本投资和投资效率的实证研究，最后提出结论与展望，以期为我国政府、企业和学术界提供借鉴和参考。具体章节安排如下：

第1章　导论。阐述本书研究背景、研究问题、研究意义、研究内容和思路框架、研究方法、可能的贡献和创新点。

第2章　文献述评。全面系统梳理国内外相关文献，对技术、技术资本、融资约束、代理成本和公司治理等相关文献进行整理，并加以评述，以便于找到本书研究的突破口。

第3章　理论基础与技术资本非效率投资行为。这一章介绍本书的相关理论，包括融资理论、投资理论、委托代理理论和产权理论等，结合相关理论和技术资本特征，重新界定技术资本的内涵、属性和特征，并进一步提出技术资本投资的特征，将其与技术资本非效率投资行为联系起来，分析其内在机理，为后续章节的研究和写作奠定基础。

第4章　技术资本存量分布状况与敛散性研究。这部分将我国上市公司的技术资本分布状况进行详细描述并分析。具体而言就全行业技术资本分布状况进行分析，进一步分产权性质和区域就其分布状况进行详细描述性统计分析，并运用标准差和系统广义GMM对省域技术资本是否存在敛散性进行研究，为后续的章节打下良好的基础。

第5章　融资约束与技术资本投资及其效率。技术资本投资包括技术资本投资支出和技术资本投资效率。在方法的选择上，我们通过二元logistics和多元判别方法构建融资约束指数，利用系统广义GMM研究融资约束与技术资本投资支出的关系；进一步利用异质性随机前沿模型定量测算融资约束抑制技术资本效率具体损失值。

第6章　公司治理与技术资本投资及其效率。在方法的选择上，通过主成分分析法构建公司治理指数，利用广义倾向得分匹配（GPS）研究公司治理与技术资本投资支出的关系；进一步利用改进的异质性随机边界模型研究公司治理与技术资本投资效率的影响。

第7章　融资约束、公司治理与技术资本投资及其效率。在这部分，将融资约束和公司治理共同纳入一个统一的分析框架中，分析二者对技术资本投资支出、技术资本投资效率的共同作用和公司治理对融资约束与技术资本投资的调节或缓解作用。在方法的选择上，分别利用添加交互项的调节效应模型和双边随机边界模型解决上述问题。

第8章　结论与展望。该章属于本书结束部分，主要在前面研究基础上归纳总结本书结论，并进一步在结论、理论和现实环境基础上提出本书的启示，并说明本书研究的不足和未来展望。

下面是本书的研究技术路线图（见图1-1）。

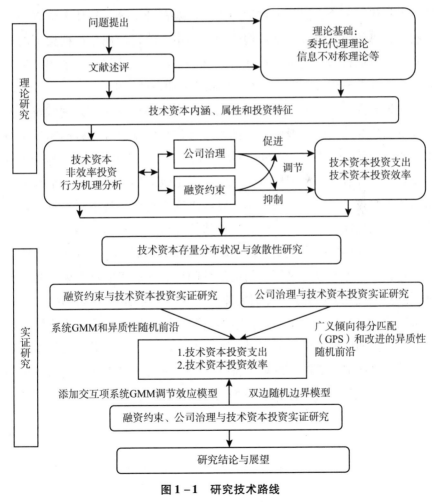

图1-1　研究技术路线

1.3.2　研究方法

本书主要从融资约束和公司治理的视角围绕技术资本投资支出和投资效率进行研究设计，属于应用性研究范畴。为了解决上面提到的问题，研究过程中在理论研究的指导下，分别利用规范和实证方法。其中，以实证研究为主，规范研究方法为辅。

规范研究方面，本书在文献述评和概念界定的基础上，结合资本理论、委托代理理论、信息不对称理论、投融资理论等分析技术资本非效率投资行为的内在机理，重点构建融资约束、公司治理分析框架下的技术资本投资的行为。同时在实证研究部分，结合大前提，小前提，运用归纳和演绎等研究方法进行理论分析和研究假设的提出。

实证研究方面。本书主体内容均采用实证研究方法，分别就技术资本投资支出和技术资本投资效率两个方面进行实证研究。就影响技术资本投资支出而言，研究方法包括利用二元 Logistics 和多元判别法构建融资约束指数，并进一步利用构建的融资约束指数运用系统广义矩估计分析融资约束与技术资本投资的影响，以解决融资约束与技术资本投资遗漏变量等内生性问题；利用主成分分析法构建公司治理指数，运用广义倾向得分匹配（GPS）的方法定量检验公司治理对技术资本投资的影响，并在一定程度上也可以解决模型的内生性问题。最后将融资约束和公司治理通过构建交互项研究公司治理对融资约束与技术资本投资的调节效应。就影响技术资本投资效率而言，本书主要采用异质性随机边界模型和改进的异质性随机前沿模型分别研究融资约束与公司治理引发的技术资本投资效率具体损失值进行测算。将融资约束和公司治理共同纳入双边随机边界模型，分析技术资本投资效率由于二者共同作用具体损失了多少？

1.4　创新点与贡献

现有研究均主要运用规范研究方法围绕技术资本生成、内涵、特征、属性和途径、技术资本的经济价值与政策路径、技术资本优势与价值创造以及技术资本生成原理和产权保护等方面对技术资本展开研究。国外学者对技术资本的实证研究，主要集中在技术资本对国家总生产函数、国民经济核算账户、收益均衡、对外直接投资和技术资本转移等方面探索技术资本与宏观经济问题的关系。从微观层面研究技术资本投资相关的实证文献较少，主要是研究团队做的一些工作，零散见于技术资本与公司治理在技术资本与融资约束、技术资本与人力资本等的替代关系、技术资本与企业价值等方面研究，未能形成一个相对严格的统一分析框架。对于本书的贡献和创新点，笔者分别从研究内容和研究方法两方面进行归纳。

1.4.1　研究内容

（1）在前人研究的基础上探索了技术资本的内涵，详细界定了技术资本在微观企业中的范围。认为技术资本投资与研发投资不同，研发投资目的是生成高新技术，而高新技术转化为资本需要将生成的高新技术进行产权界定并得到市场认可，并进行资本运营等一系列的过程。有效的技术创新，将创新成果产权化并进行资本运营才能将技术转化为技术资本。某种意义上，R&D 投入是技术资本形成的重要方式，但是除研发投资外，吸收投资、外购、技术许可、技术抵押、技术租赁和参股等也可以积累形成技术资本，这在一定程度上解决了技术资本的测算问题，为后续的研究打下了一定的基础。

（2）对我国上市公司各行业技术资本分布状况进行了详细的描述和

统计分析，并进一步分国有企业和非国有企业、东部地区、中部地区、西部地区和东北地区的技术资本分布状况进行了详细的描述和分析。同时进一步根据技术资本分布状况，对省域的技术资本的收敛性进行了相关研究。就笔者收集的有限文献来看，还未有相关文献从本书的角度进行详细的描述、分析和敛散性研究，这将有助于政府和微观企业准确认识技术积累水平及相对差距，为有效地对技术资本进行决策和布局有了全局的认识和依据。

（3）系统地从信息不对称和委托代理的理论视角，建立对技术资本投资和投资效率影响的统一严格的分析框架。以往的研究，或者是从某一个角度分析技术资本投资或投资效率，或者是分析技术资本与企业价值的关系，还未有相关文献通过构建统一的分析框架将融资约束与公司治理纳入技术资本投资行为中来。融资约束可能会抑制技术资本投资或投资效率，代理冲突可能会使得技术资本投资超出其最优边界，公司治理作为代理成本的有效衡量变量和缓解代理冲突的机制对技术资本投资和投资效率有深刻影响，将融资约束和公司治理纳入统一分析框架研究技术资本投资的相关问题具有一定的创新性。

1.4.2 研究方法

（1）在研究技术资本投资支出方面。采用了系统广义矩估计（GMM）、广义倾向得分匹配（GPS）和添加交互项的调节效应模型，分别研究融资约束与技术资本投资支出、公司治理与技术资本投资支出、融资约束与公司治理对技术资本投资支出的共同影响。系统广义矩估计（GMM）是阿雷拉诺和邦德（Arellano and Bond，1998）创建的 GMM 方法。GMM 本质上也是一种工具变量法，但是选用其前定变量和一系列外生变量的滞后项作为工具变量，用于消除内生性的影响。一般 GMM 方法分为一阶差分安德森和萧（Anderson and Hsiao，1981）的和布伦德尔和邦德（Blundell and Bond，1998）的系统 GMM，而一阶差分 GMM 通过差分过程消除了不随时间变化的影响因素，而这些因素可能会导致结果出现明显偏误，采用系统广义矩估计在某种程度上解决了模型的内生性问题，得出的结果更加可靠。传统意义上倾向得分匹配（PSM）方法通过模拟和匹配自然环境，能够解决模型内生性的影响，特别是适用于两个变量之间的研究，但是 PSM 只适用于处理变量为虚拟变量的情形，而构造的公司治理指数为连续型变量，PSM 方法无法解决上述问题。鉴于此，进一步运用希拉诺和尹本思（Hirano and Imbens，2004）提出的广义倾向匹配法（GPS）来分析不同公司治理指数下企业技术资本投资的变化。该方法除具有 PSM 的优势、能够有效解决选择性偏误和遗漏变量等问题外，还适应于连续型变量，不需对其进行离散化处理，从而充分利用样本信息。添加交互性的调节效应模型也是利用系统广义 GMM 来检验将融资约束与公司治理共同对技术资本投资的影响，同时也可进一步检验公司治理是否具有调节效应，也可以在一定程度上解决模型内生性问题。

（2）在研究技术资本投资效率方面。在研究技术资本投资效率方面，以往都是通过理查森（Richardson，2006）的效率残差模型定性地判断技术资本投资不足或投资过度。或者通过邦德和美格尔（Bond and Meghir，1994）的欧拉方程来检验技术资本是否存在非效率，同时利用欧拉方程中 β_4 的值定性地判断非效率程度[19]。但是，技术资本投资效率的具体值为多少，很少有文献对其进行测算。融资约束的存在可能使技术资本投资支出低于其最优边界，而技术资本投资不同于一般的固定资产投资，公司治理作为衡量代理成本的有效变量[12]，可能会使技术资本投资超出其最优水平，这样技术资本投资效率会因为融资约束或公司治理的影响受到抑制吗？如果受到融资约束或公司治理的影响，那么因受影响而损失的技术资本效率值具体是多少？本书采用异质性随机前沿模型定量地测算融资约束导致的技术资本投资效率的具体损失值、利用改进的异质性随机前沿模型定量地测算公司治理引发的技术资本投资效率具体损失值，并进一步将融资约束和公司治理通过构建二者的指数同时纳入双边随机边界模型测算由于融资约束和公司治理的共同影响，技术资本投资效率的具体损失值是多少？无论是异质性随机前沿模型、改进的异质性随机前沿模型还是双边随机边界模型，都能较好地解决模型的内生性问题，同时还可以从中得到具体影响融资约束或公司治理的因素和未来的不确定性的影响。

第 *2* 章

文 献 述 评

2.1 关于对技术的理解

从第一次工业革命到电气时代再到现如今的全面科技时代，无一不蕴含着技术创新与技术进步的思想，技术的实现路径也由最初的形成于人类社会的物质生产劳动扩展到科学研究和技术研究开发。技术创新与技术进步使得企业在开发与应用技术成果的基础上缩减了产品的社会必要劳动时间，从而创造经济效益。国内外学者长达近百年之久对技术的研究与探索，认为技术对提高生产力水平，提升企业核心竞争力起着至关重要的作用。自熊彼特提出创新理论[21]并将其作为解释技术与经济发展内在关系的理论基础后，在对技术创新进行研究的过程中发现经济周期和经济波动都与技术创新活动有关。在此之前，人们只是将技术视为实现价值创造的工具，并认为技术富含于其他生产要素之中，经济学家萨缪尔森在分析生产四要素理论的基础之上，将技术纳入生产性资本之中，但一直未跳出技术不变假定的理论框架[22]。经济学家罗伯特·默顿·索洛将技术与管理纳入生产要素范畴之内，并探究了技术对经济增长的贡献率，认为技术同资本、土地、劳动一样可以创造价值，并首次将技术作为外生变量纳入经济增长分析模型[23]。随后，内生技术增长模型为内生技术资本奠定了理论基础，提出企业的发展内生于技术进步，关于技术的研究重点逐渐引起重视，也开始从宏观经济领域转向微观企业层面，同时由技术转移等方面逐步转向技术研发（R&D），内生的技术进步决定了经济的增长，自此技术进步由外生变量转化为推动经济发展的内生变量，极大地推动了技术创新理论的发展与进步。

什么是技术，国外学者起步较早，比较有代表性的观点是斯蒂芬（Stephen，1994）[24]认为技术是由商业秘密、专利、版权、商标四部分组成。克里斯滕森（Christensen）在2003年提出技术是一个生产过程，具体是将劳动力、原材料和资本要素等转化为有价值的产品的过程[25]。在此基础上，格曼（Burgelman，2004）[26]和艾伦、爱德华（Ellen R. M.，Edward，2009）[5]分别将技术看作是有理论与实践积累的知识、技艺技巧、生产系统和技术秘密、专利、非专利技术、商标和独立的研发机构。相比国外有关技术的研究，国内学者起步较晚，但关于技术的讨论一直是我国学术界的热点。关于技术的定义，不同学者观点略有不同。李艳荣、张晓原（1995）将技术定义为依据经验及科学原理创造的活动手段，以达到人与自然之间的物质转换和能量传递，并在此基础上研究了技术的资本属性，认为技术具有依附性、不可分割性、可重复投入性及可改进性，为后来国内学者进行技术创新或技术资本等方面的研究奠定了理论基础[27]。罗福凯（2011）认为技术是生产过程中的技能、技巧、技艺及其使用载体，认为技术与人力资源、财务资源、物资设备等生产要素一样，是企业资本的重要组成部分，其载体与形态可以是高技术含量的人工制品、人工文件及人的特别行为，且具有私有性[28]。发明性是生产实践或科学研究的主要特征，由于技术创新的不断发展，新技术与旧技术具有一定的内在联系，且新旧技术的关联度与新技术的有效性成正比。除发明性外，生产技术还具有模拟自然性和仿学复制性，技术从萌芽、形成再到发展，从构思到设计，从试制到应用的每一阶段都要受到自然规律的支配，与自然密切相关。但需要说明的是，技术并不等于自然，技术的内在逻辑是以自身系统机制为依托的，有时会背离自然生态逻辑。在经济领域里，技术早已成为生产要素的组成因素之一，但技术必须通过劳动、实物等其他生产要素协同发挥作用，才能为企业创造价值。

2.2　从技术到技术资本

关于技术如何转变为企业的技术资本，技术资本化的作用机理、逻辑过程如何，我国相关学者已经进行了十多年的研究探讨，并取得了一定的研究成果。我国学者最早关于技术资本化的探讨可追溯至 1987 年，丁国安在其《对技术资本化的看法》一文中指出，技术资本化是指企业投资者将专有技术、工业产权等折现后作为投资额进行投资，在此基础上分析了技术资本化的优势并就允许技术资本化的领域给出了建议[29]。赵玉林（2002）认为技术资本化是引导和激励技术创新、提高竞争力的关键因素，技术资本化的三种形式，即技术入股、技术抵押和补偿贸易，并指出我国相关部门应重视技术产权制度的改革，改进价值评估、完善资本市场以有效推进技术资本化过程[30]。在市场经济下，只有资本才能创造价值，企业通过技术实现价值增值必须先将其转化为技术资本，从技术到技术资本的过程称之为技术资本化，技术资本化是技术向资本转化的必要环节（韩寅，2016）[31]。从技术转化为资本的国内学者，最具代表性的是罗福凯教授，他认为技术转化为技术资本的机制需要一系列的过程，分别为技术资本的孕育、形成生产过程、生产成果产权化和转入交易过程。在此过程中，新兴产业和新的生活方式迫切需要新的技术出现，也即是技术资本的孕育阶段；在新的技术出现后将其投入生产，生产出现的技术成果；形成技术成果后将其产权化，产权界定包括所有权、支配权、占有权、收益权、使用权和处置权等各种产权形式的确权；最后将产权化的技术成果转入交易过程，通过激励评价和收益分配制度的良好设计，进行抵押、质押、入股和出售等形式宣告技术资本的诞生[7]。为了更好地理解技术转化为资本的机制，将整个过程描述如图 2 - 1 所示。

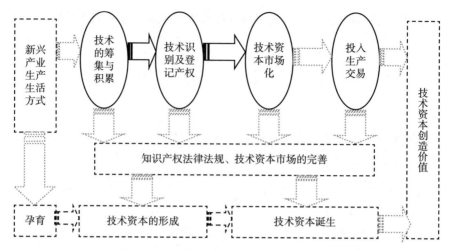

图 2 - 1   技术资本形成、诞生与价值创造

资料来源：罗福凯：《论技术资本：社会经济的第四种资本》，载《山东大学学报（哲学社会科学）》2014 年第 1 期，第 63 ~ 69 页。

技术资本的产生源于新兴产业和新生活方式的出现，引发对新技术的需求，这也是技术资本的孕育阶段和孵化器。新兴产业和新的生活方式出现后，进入技术的筹集和积累阶段。针对已有的技术和未开发的技术，筹集和积累技术资本途径多样，到底采用何种技术获取方式，取决于企业内外部环境或因素的不同。如果是当前已有的技术，可通过技术转让、入股、咨询、引进或购买和并购等方式取得。但针对目前未开发的技术，可通过内部 R&D 投入、兼并收购技术优势企业、委托或合作开发等方式取得。任何技术成果要转化为资本，其中最重要的一环就是产权明晰，即是对其进行确权，也是开展技术资本理论研究的基础与起点（罗福凯，2014）[7]。针对各种技术的来源，例如自主研发、合作研发、兼并收购等获得的技术，通过对所有权、分配权、处置权等产权进行界定，来进行相应的所有权登记。通过技术的筹集与积累、技术识别和产权登记后技术资本基本形成。技术资本诞生还需经过市场化过程和投放新产业的过程两个阶段。所谓市场化，即将技术创新成果投放技术市场，技术市场通过完善的技术定价评估机制将技术资本化，通过出售、抵押或技术参股方式对外投资。通过将技术给予资本化的有效途径，技术的授予方将技术成果应用于自身或他方的产品或服务当中去，可以实现技术资本的使用价值。总体而言，技术要实现真正意义上的技术资本，实现资本的增值功能，需要技术资本的孕育、积累、诞生和增值几个步骤，最终实现企业价值最大化。

2.3　技术资本文献述评

自熊皮特和索罗等学者均对技术对经济增长的影响进行了初步探讨后，罗默提出的内生技术增长模型为内生技术资本奠定了理论基础，自此技术资本的研究出现在国内外相关文献中。

2.3.1　国外技术资本

国外关于技术的研究起步较早，但就技术资本领域而言，研究相对较少，且大多集中于技术资本对宏观经济的影响分析。纵观国外近 20 年技术资本的研究成果，主要围绕技术资本对国民经济核算账户、国家总量生产函数、技术资本转移和农业生产率的提升、技术资本促进经济增长等方面。艾伦和爱德华（2009）首次在美国经济理论杂志上发表了《对外开放、技术资本与经济发展》一文，开创性地提出技术资本是研发过程中形成的技术诀窍、商标、专利（技术）、生产系统和研发机构等，并借助国民总量生产函数构建了技术资本积累与经济增长的理论模型，检验对外开放、技术资本对经济增长的协同作用，得到通过允许 FDI，一国能利用其他国家的技术资本，通过开放促进国家的总的经济增长[5]。在 2009 年的文章基础上，艾伦和爱德华在 2010 年又在美国经济评论杂志上发表了《技术资本与美国现金账户》，通过建立一般均衡模型，赋予技术资本的使用权，无须对外进行货币投资，在没有 FDI 情况下也可获得收益[6]。福尔摩斯、麦克葛兰特和普莱斯考特（Holmes, Mcgrattan and Prescott）三位作者在《技术资本转移》一文中，利用中国的数据，研究中国改革开放以来通过政策优惠从国外引进技术，但未能实现技术向技术资本转移，自主研发增长速度过缓的现状，此后又在线发表了《交换条件：技术资本转移在中国市场的准入》工作论文，通过对众多的技术资本和优惠政策进行研究后，转而研究 FDI 和技术资本转移对中国经济的影响[32]。罗贝和基思（Robet and Keith，2010）研究了技术资本与农业发展之间的关系[33]。以上学者的研究都将技术资本视为一种独立的资本与其他资本区别开来，并认识到技术资本对宏观经济发展的重要作用。但是国外的相关研究均是从技术资本与宏观经济问题的相关性进行研究，微观企业领域的技术资本相关文献较少，直接针对技术资本的微观实证研究还未发现。

2.3.2 国内技术资本

与国外相关学者的研究相比，我国关于技术资本的研究起步较晚，但规范研究成果较为丰富，涵盖技术资本生成、产权特征、配置、价值增值途径等多个方面，且近 10 年来技术资本领域的实证研究也日趋丰富。下面将国内相关学者对技术资本的研究做一简单综述。

1. 技术资本的规范研究

较早对技术资本进行研究的李艳荣、张晓原（1995）在《技术的资本属性与技术投资》一文中将以技术为代表的无形资本定义为技术资本，主要分析了技术的特殊属性及技术资本的评估因素，并就技术资本的价值评估、在总投资中的比例以及对评价估值较高的技术资本的处置和重复投资等方面进行了自己的观点阐述，认为技术要实现增值的前提必须与实物、货币资本等有效结合，为后来相关学者对技术资本的研究进一步提供了理论支持[27]。罗福凯、连建辉（2001）将技术与人力资本、信息资本、知识资本等其他资本要素进行了区分，并阐述了从技术到技术资本的内在逻辑机制[34]，随后，范徽在 2002 年提出技术资本本质上是一种可再生资源和能力，通过生产或工艺等领域支持产品的生产和服务的供给，并指出技术资本是企业创新能力的源泉，由此可以看出，技术资本具有与技术产品或技术成果不同的属性，技术产品或技术成果更加注重产品或成果本身，而技术资本更为注重的是为企业创造价值的能力[35]。宋琪（2004）在《试论技术资本的属性》中将技术资本定义为技术成果资本化，运用比较分析法重点分析了技术资本与技术商品及其与一般资本的异同，并在此基础上给出了技术资本的属性[36]。相比较技术商品，技术资本是一种在技术成果转化为生产力方面速度更快、风险更高、更有利于生产要素配置的以追求企业未来更大收益为主要目标的投资结果。该文章将技术成果与技术资本分离开来，在一定程度上推动了技术资本理论层面的发展。上述文章虽然指出了技术资本对企业价值增值具有一定的促进作用，但并未对其具体表现形式进行探讨。周江（2005）对技术资本作了更深一步探讨，分析了技术资本对企业价值增值的三种模式，包括常规模式、超常规模式和持续增长，其机理主要是利用企业现有价值的减少进而获得收益流的增长。一般来说，企业通过垄断商业利润、降低生产成本或利用网络效应来实现企业价值的常规增长；除在产品和服务市场上获利外，利用技术资本通过兼并收购、资产重组、风险投资等方式可以使企业价值迅速提升，实现企业价值的超常规增长；此外，企业利用自身技术优势，打造自己的核心竞争力进而使企业价值持续增长，现金流趋于稳定[37]。随后，王伟光、李征（2007）对技术资本产生的价值增值效应作了进一步研究，从微观层面对技术资本价值增值效应、价值增值中的关键因素及对应的政策措施作出了系列阐述，认为技术资本既是一项战略活动又是一种风险活动，可以使微观企业获得动态竞争优势效应、规模经济效应、范围经济效应及速度经济效应，且这些效应的实现要受到技术资本属性、技术更新速度、技术产品商业化程度等多方因素影响[38]，但该文对技术资本价值增值效应进行分析时未将其与其他资本进行联系与区别。在随后的几年时间里，随着我国要素资本的不断发展，我国财务学资本结构理论由最初的财务资本结构逐步向要素资本结构转变（罗福凯，2009）[39]，以罗福凯为代表的学者进一步对技术资本进行探究，发现技术、信息、知识等新生产要素的投入对经济发展的促进作用日益突显，其在 2010 年发表的《要素资本平衡表：一种新的内部资产负债表》一文中研究设计出的要素资本平衡表将企业资源分为货币资源与非货币资源，并具体列示了技术资产、知识资产、信息资产所包含的具体项目，为企业进行竞争性分析与绩效评价提供了一个新的视角[40]。随后，罗福凯（2014）系统阐述了技术资本的产生、作用机制及理论框架，认为技术资本以在生产经营过程中对技术的需求为起点，经过技术资本的孕育、技术的积累和生产、确权和进入市场等几个阶段，最终实现技术资本化，形成技术资本，其数额主要决定于技术产量、技术转化率及技术存量，且与人力、财力、物力等要素资本之间存在客观比例，能够对其他要素资本产生一定的替代效应[7]。随后，其又进一步对人力资本、技术资本、财务资本等异质资本边际替代率进行了实证与理论分析，罗福凯（2015）认为人力、物力、财力等异质性要素资本之间具有替代性与互补性，任一资本要素配置过度都会造成企业价值降低，当各要素资本配置结构均衡时才能达到企业价值最大化，且技术资本配置水平较低是阻碍我国高新技术企业发展的原因之一[41]。企业技术资本形成后，需要管理者进行有效运营以最大限度地创造价值，低成本实现技术资本高效运转是微观企业技术资本运营的主要目标，管理者在充分把握技术资本属性的基础上尽可能地让每一项技术资本都参与企业运转当中（许秀梅，2014）[42]。许秀梅认为技术资本属性主要有七个方面：创新性、垄断性、时效性、外部性、可分离性、异质性与价值减损性，并按照其用途可分为管理型、生产型和产品型技术资本，其中产品型技术资本是技术资本运营中最为关键的一环，对新产品的价值含量有着直接决定作用。技术资本的生成、运营都是以提升企业价值为目标，其他资本不变时，企业价值受技术资本生成与运营状况的影响，随后，许秀梅（2015）进一步对技术资本与企业价值的关系进行了研究探讨，通过分析技术资本如何影响企业超额收益、行业超额收益、账面价值、资本成本来探讨技术资本对企业价值的影响路径，并进一步探究发现影响技术资本生成的因素与企业价值之间存在动态函数关系，丰富了技术资本运营与企业价值影响因素等方面的研究[43]。

2. 技术资本的实证研究

相比国外学者的研究，我国学者对技术资本的实证研究起步较晚，但近几年关于微观企业技术资本的实证研究相对较为丰富，取得了具有一定学术价值的研究结论，总体而言，可以分为以下几个方面：

（1）技术资本对企业价值的影响。孙晶、张居营（2016）以沪深两地上市公司为研究对象，实证检验技术资本对创新型企业价值的影响，发现技术资本与创新型企业价值之间呈倒"U"型[44]。许秀梅（2015）以环境规制为切入点，研究了沪深两地受污染行业技术资本对企业价值的影响，发现技术资本对企业当前及滞后一期、二期的企业价值均具有一定的促进作用；环境规制能够提升企业当前及未来一定期间内的技术资本，且能够提升企业未来期间的企业价值[45]。

（2）人力资本对技术资本与企业价值关系的影响。技术资本与人均企业价值和员工数量都存在一定的关联性（张睿，2012）[46]，许秀梅（2015）通过构造面板数据，从人力资本、行业特征双重调节视角对全样本及不同股权性质和不同区域下企业技术资本影响企业价值的内在机理进行实证检验，结果表明在全样本下技术资本对企业价值增长的推动力要优于人力资本和物质资本，行业技术资本质量对企业价值的提升效果较为明显；国有企业下人力资本的调节作用较非国有企业更为明显，但技术行业特征的调整能力较弱；东部地区技术资本、人力资本对企业价值的提升作用最为明显，且人力资本、行业特征的调节作用更为显著，中部地区和西部地区次之[47]。随后，又对人力资本进一步细分，将人力异质性分为同质性人力和异质性人力，研究发现，技术资本、同质性人力、异质性人力对企业价值均具有一定的促进作用；人力异质性整体而言呈替代作用，技术与同质性人力替代性较为明显，只有高技术企业的异质性人力互补性较为明显，但异质性人力的互补性呈增长趋势，同质性人力的替代性呈减弱趋势[48]。也有学者与许秀梅（2016）的观点相反，孙晶，张居营（2016）研究发现，人力资本与技术资本存在明显的互补性，而非替代性[49]。

（3）技术资本配置效率的研究。孙菁、周红根（2016）等人以制造业上市公司为研究对象，发现我国制造业上市公司存在技术资本非效率配置，其原因是融资约束导致的配置不足，且非国有企业低效率程度更低[19]。此外，随着企业环境不确定性程度的增加，技术资本配置效率越低，国有企业主要表现为配置过度，且越降低企业价值，非国有企业主要表现为配置不足，增加企业价值（李欣先，周红根，2016）[50]。

（4）公司治理对技术资本的影响。孙焕伟，罗福凯（2011）以无形资产和开发费用作为技术资本的替代变量，通过实证研究发现独立董事占比与法律监管程度能够提升我国制造业上市公司的技术资本，但股权集中度、企业类型或高管激励等因素对技术资本的影响并不显著[51]。此外，周红根、罗福凯等（2015）发现公司治理能够影响技术资本配置对融资额的依赖度，低公司治理水平能够加剧融资约束对企业技术资本的负向影响，高公司治理水平下融资约束对技术资本的影响不显著[20]。

（5）技术资本对企业产出及收益的影响。王海龙、罗福凯（2015）以高端装备制造业为研究样本，检验了技术资本的投入与企业产出的关系，发现技术资本的增加，企业产出也随之增加，产出高的企业技术资本比例为正，技术资本相对人力、物质资本为负[52]。此外，许秀梅（2015）通过构建超越对数生产函数模型，利用岭回归方法估计得到技术资本的产出弹性为 0.05，近年来呈现小幅持续增长趋势，增长幅度为2.2%，高于人力资本与物质资本产出弹性的增幅[53]。

（6）高管异质性对技术资本的影响。许秀梅（2015）研究了民营高新技术企业高管团队异质性对企业技术资本的影响，发现高管团队人员的受教育水平、职业背景与年龄异质性能够在一定程度地提升企业技术资本水平[54]，紧接着又对国有企业与民营企业进行了对此分析，发现国有、民营企业技术资本投入对成长能力具有明显的提升作用，但不同企业性质下 TMT 异质性对企业成长能力的影响不同[55]。

2.4　融资约束文献述评

经典的 MM 理论认为，在完美市场假设下，内部融资和外部融资不存在差异，两者可以完全替代，也不会对企业价值产生影响，企业的投资决策不受融资方式的影响，只与未来的企业投资机会有关[56]。但是由于信息不对称、代理摩擦、交易成本的存在和金融信贷配给的原因，使得企业不存在完美资本市场假设，此时企业的决策行为会受到融资方式和融资成本的影响。

具体而言，就融资约束的成因，国内外学者从多个角度进行分析。由于信息不对称，梅耶斯和麦吉勒夫（1984）提出了基于非完美资本市场中的融资优序理论，认为信息不对称程度与融资约束程度显著正相关，当企业面临融资约束时，较高的外部融资成本使得企业放弃净现值为正的投资项目，这为后期的融资约束的研究提供了理论基础[57]。伯克南和格特勒（Bernanke and Gertler，1989）在梅耶斯和麦吉勒夫（1984）研究的基础上，认为信息不对称会进一步引发公司的代理问题，代理成本的存在使得外部融资费用高于内源成本，由于两权分离的存在，激励监督约束机制缺乏，外部资金提供者可能会要求风险升水或风险溢价[58]。斯蒂格利茨和韦斯（Stiglitz and Weiss，1981）[59]就算是不存在信息不对称和代理冲突，交易费用的产生也会使得企业发生谈判、监督等交易成本，从而使得企业面临融资约束。除了信息不对称、代理和金融摩擦、交易成本是融资约束形成的主要成因，但是经济周期波动与外部融资能力有显著的相关关系、经济周期的波动、货币政策的波动和政府的过度干预均会对企业的外部融资能力产生显著影响，进一步提高公司面临的融资约束程度（王竹泉、赵璨、王贞洁，2015）[60]。

就融资约束的测度，国内外相关文献较多，有模型的量化、指标的选取和指数的构建等方式。（1）模型的量化。学术界起初由法扎里、哈伯德和彼得森（Fazzari，Hubbard and Petersen，1988）通过构建投资与内部现金流的关系模型，当企业内部现金流与投资显著正相关时，表明企业存在融资约束，投资现金流敏感性越强，融资约束程度越高[61]。在FHP（1988）的研究的基础上，相关学者怀特（Whited，1992）以及斯特和亨伯格（Gilchrist and Himmelberg，1995）[62]也证明了相同的结论。但卡普兰和津加莱斯（Kaplan and Zingales，1997）通过研究得到融资约束越强，投资现金流敏感性越低的结论[63]。连玉君等（2007）也发现中国投资现金流敏感性主要表现为代理问题而非融资约束[64]。其原因可能是当企业外部进行融资非常困难时，FHP（1988）的方法可以很好地度量融资约束程度，但是现实并非如此。所以出现不同的观点，莫扬（Moyen，2004）[65]也表示投资现金流敏感性的方法存在局限性。（2）单指标量化。大量学者在研究融资约束时，通过单指标法来衡量，选取股利支付率（李欣先，周红根，2016[50]；程六兵和刘峰，2013；申慧惠，于鹏，吴联生，2012）[66]~[67]、债券等级（斯特和亨伯格，1995）[67]、企业规模（怀特，1992）[62]、利息保障倍数（卡彭特和瓜里格利亚，2008）[68]等作为融资约束的衡量指标。（3）多指标构建指数法。鉴于投资现金流敏感性和单指标衡量融资约束的局限性，很多国内外学者通过多指标综合衡量融资约束克服其弊端。卡普兰和津加莱斯（Kaplan and Zingales，1997）采用定性和定量相结合构建 KZ 指数确定融资约束程度[63]。但是 KZ 指数定性和定量的指标在度量融资约束程度时存在反事实情形，怀特和吴（Whited and Wu，2006）进一步通过动态结构估计构建 WW 指数[69]。国内学者大多借鉴国外学者的研究方法，构建多指标的融资约束指数。况学文等运用二元 Logistic 回归及多元判别法分别构建了企业的融资约束指数，并对两种方法得出的指数——LFC 和 DFC 指数，并将这两个指数进行误判率的测试（况学文、施臻懿、何恩良，2010）[69]。

就融资约束相关研究内容。融资约束与相关研究内容非常多，从多个角度，比如投资、出口、并购绩效、盈余管理等方面进行研究。在FHP（1988）首次提出投资现金流敏感性衡量企业融资约束程度后，国内外大量学者在此基础上进行研究，得到了大量研究文献和结论，得到投资现金流能否衡量融资约束的正反两个方面证据。在此之后，国内外相关学者对其进行延伸，从代理冲突、公司治理、营运资本、股权性质、金融发展等多种视角研究二者之间的关系。根据现有文献，发现影响融资约束因素主要分为宏观经济层面和微观企业层面。宏观经济层面主要有经济形势、金融发展和政府干预等；微观层面主要受政治管理、企业规模、产权性质、代理冲突、公司治理、银企关系等多种因素。

2.5 公司治理文献述评

新古典经济学假设企业在对经理人进行聘任时不存在逆向选择和道德风险，因而也就不存在公司治理问题，现实中由于市场摩擦及信息不对称的存在，所有权与控制权的分离导致经理人的经营决策往往具有一定的利己倾向。委托代理理论以所有权与控制权两权分离为逻辑起点，公司治理机制则是解决两权分离导致的代理问题的企业内外部机制的总和（郑志刚，2004）[70]，完备有序的公司治理能够使得董事会及经理人起到更好的监督作用，并完成利益相关者的既定目标。关于公司治理的研究，可以追溯至 20 世纪 30 年代，但就其具体概念及理论的提出，则起步较晚，目前不同学者关于公司治理概念的界定存在一定差异与分歧。布莱尔（Blair，1995）等学者认为公司治理是对公司控制权与剩余索取权进行合理规划的法律、文化和制度安排[71]，施莱费尔和维什尼（Shleifer and Vishny，1997）则认为公司治理是资金提供方如何按时收回投资并获得合理报酬的方案总和[72]，但上述关于公司治理的认识较为片面，不能将合约的不完备性与信息不对称问题融合来看，郑志刚（2010）在总结前人关于公司治理内涵的基础上，认为公司治理应由以解决合约不完全为目的的治理结构和解决信息不对称为目的的治理机制两部分构成[73]。良好有序的公司治理机制是解决合约不完备及代理冲突的有效途径，它不仅包括内部治理机制，还包括由对投资者的法律保护机制，产品、要素市场等组成的外部治理机制（郑志刚，2004）[74]。对内部治理机制而言，从理论上说，董事会的存在可以减少经理人的逆向选择和道德风险，但董事会成员在股份较少或企业股权较为分散时，董事会对经理人员的监督作用大大减弱，加大了董事会成员被经理人操纵的可能性。竞争激励理论认为在竞争环境下能够产生一种独立于合同之外的隐性激励，经理人员为了让自己在市场竞争下生存并考虑到自己的职业信誉，其努力程度和能力水平更加公开透明，进而缓解经理人与股东之间的代理冲突。除通过缓解代理冲突提升企业内部治理水平外，郑志刚等（2013）认为公司治理良好的企业，尤其是董事会独立性、第二至第十大股东持股比例较高的企业，其经理人往往倾向于采取进取行为，带来企业绩效的提升[75]。闫冰（2006）认为在股权分散的上市公司中，中小股东往往会出现"搭便车"现象，这种现象加重了股东与经理人之间的信息不对称从而使得经理人出现道德风险和逆向选择的可能性更大，大股东的存在使得股权集中于少数股东手中，参与公司治理的积极性有所提高，从而降低了经理人机会主义的可能性[76]。法律与金融相关文献认为，法律对投资者及债权人保护程度的不同导致了不同国家或地区在公司治理模式上存在一定差异，并将法律健全程度或对投资者的保护程度作为解释变量融入传统金融的研究范畴之内（郑志刚，2007）[77]。然而，提高法律制度对投资者的保护程度并非是一蹴而就的，尤其是中国等新兴市场国家，郑志刚（2007）认为，在短时间内通过保护投资者进而提高公司治理水平绝非易事，因此他提出可以在短期内谋求法律制度外的实施以达到法律对投资者保护的补充作用，并对法律制度外的公司治理角色进行综述，主要包括媒体对公司治理的监督与间接参与作用及公司税、公司间股利税和遗产税等税务所起到的公司治理角色[77]。随着对公司治理问题研究的不断深入，越来越多的学者意识到文化差异对不同国家或地区公司治理结构造成一定影响，文化的不同甚至影响到一国法律对投资者的保护力度（Stulz and Williamson，2003）[78]。在我国长期集权制的文化背景下，一股独大现象较为普遍，成为我国上市公司任人唯亲特殊董事会文化根源，且在不同股权性质企业下具体形式不一（郑志刚等，2016）[79]，通过对任人唯亲董事会文化制度因素进行文献回顾与分析，认为我国一股独大现象的出现与我国目前相关法律对投资者保护力度较弱有关，并从微观层面提出了打破任人唯亲董事会文化的对策建议。

2.6　融资约束与技术资本文献述评

纵观国内外文献，直接研究融资约束与技术资本的相关文献较少，但是融资约束与研发投资和技术投资等相关文献较为多见。因为研发投资、技术投资、技术创新与技术资本有一定的相通之处，那么让我们先对融资约束与研发、技术投资和技术资本投资的国内外文献做一综述。

顾群、翟淑萍（2014）将研发分为开发式和创新式投资后，检验结果发现无论是开发式还是创新式投资形式，投资—现金流敏感性均较强，这表明在投资过程中我国企业一般均存在融资约束现象[80]。与一般性投资不同，研发投资具有风险大、持续时间长等特点。古格勒（Gugler，2001）提出研发投资资金来源应该来源于内部资金和外部股权融资，一般不依赖于外部债权投资，当融资约束程度更高，并认为发生这种情况的原因是：首先，当企业研发投资所需的资金来源于外部债权时，一旦失败，研发的资产专用性特点可能很难短期内出售或变现，使得企业面临破产的风险；其次，与一般性投资而言，研发活动具有高度的信息不对称性和研发失败的概率较高，外部债权人不愿意为其提供贷款；最后，研发的现金流持续时间长，每一期现金流都较小，甚至不能支付利息，会导致企业在研发早期就面临破产的风险[81]。霍尔（Hall，1992）、乌普托（Ughetto，2008）和刘振均（2011）也得到同样的结论，即因为市场不完备、研发投资风险大、成果难以抵押、信息不对称等原因，R&D 投资与外部债权性融资关系不显著[82]~[84]。沙尼茨基（Czarnitzki，2006）、萨维尼亚克（Saviganc，2006）和席尔瓦（Silva，2011）分别利用德国、法国和葡萄牙的微观数据，检验了融资约束与技术投入之间的相关性，发现二者之间存在显著相关性，融资约束的存在使得技术投资的数额减少，进一步证明了在技术投资领域，融资约束也普遍存在[85]。

完全针对技术资本而言，融资约束与其的相关文献，笔者发现的较少。周红根、罗福凯等（2014）选取 2009~2013 年高端装备制造业为样本，研究技术资本存量与融资约束的关系，发现技术资本配置存在融资约束，技术资本配置水平依赖于企业内部资金的高低，同时发现融资约束与技术资本配置具有负相关关系，在外部资金来源上，首选股权融资[20]。孙菁、周红根等（2016）利用 2008~2013 年微观企业技术资本数据，发现我国上市公司存在技术资本配置非效率，非效率的原因主要是因为融资约束引发的配置不足，而非代理冲突所致的配置过度[19]。李欣先、周红根（2016）利用股权性质作为融资约束的代理变量，研究技术资本配置效率问题，发现环境不确定性越高，配置效率越低，在不同的股权性质的企业中这种关系有差异[50]。

2.7　公司治理与技术资本文献述评

鉴于技术资本研究尚处于起步阶段，目前大部分实证研究主要集中在公司治理对技术创新、研发投入等方面，且国外关于公司治理的研究成果较为丰富，在对国内文献进行综述之前，我们首先回顾一下国外相关学者对技术创新与公司治理关系的研究。

股权结构是公司治理的基础，能够对技术创新决策产生影响（董红星，2010）[86]。斯坦因（Stein，1988）研究发现大股东和股权集中度适当提高能够一定程度增加企业的 R&D 投入，在企业日常经营活动中，经理人员负责对企业日常事务进行管理，董事会则负责选择、考核、激励管理层及对其管理活动进行监督[87]，贝辛格（Baysinger，1991）研究发现内部董事能够显著提升企业 R&D 投入，合理的董事会结构对提升企业内部治理水平尤为重要[88]。除企业内部治理机制，外部治理机制也会对企业研发投入产生影响，由于研发投入具有一定的风险性，倾向于风险规避的经理人通常不愿冒险投资，而股东层面监管力度的增强，降低了创新对经理人接管压力的敏感性，进而增加了企业的技术创新（Sapra et al.，2008）[89]。随着法经济学的不断发展，产权、法律等因素逐渐被广大学者所重视，企业进行技术创新需要外部环境的有效配合，在这个过程当中，政府扮演着重要的角色，有效的内部治理与外部治理环境对技术创新的作用尤为重要（Hillier，2011）[90]。公司治理是推动企业可持续发展和进行技术创新的制度基础（鲁桐等，2014[91]；Belloc，2012[92]），良好有序的公司治理使企业能够有效兼顾长远发展和短期目标。鲁桐、党印（2014）通过聚类分析将样本公司划分为劳动密集、资本密集、技术密集型企业，分类别探究了公司治理因素对企业技术创新的影响，结果表明企业的内部治理结构内生于要素密集度，第二至第十大股东持股比例、基金持股比例、董监高持股比例对不同行业技术创新具有积极的推动作用，但董监高薪酬、第一大股东持股比例等因素在不同行业下影响存在一定的差异，还进一步通过建立公司治理与技术创新的模型，研究了经理人在基本工作及创新中的边际成本，结果表明企业创新力度需要与内部治理水平平衡起来，若一方占比较大则会影响企业价值，且经理人作为控股股东参与公司治理时，创新动力达到最大，有效地缓解了代理问题[93]。冉茂盛（2008）等认为对管理层进行适当的股权激励能够提升企业的研发投入，超过一定比例后，其激励作用有所减弱[94]。董梅生（2016）利用我国沪深两地上市公司数据，通过固定效应模型，对公司治理与技术创新的关系进行了实证检验，研究发现股权集中度、股权制衡度越高，越有利于企业研发强度的提升，并将高管激励分为薪酬激励和股权激励，两者均能够提升企业技术创新；董事会独立性抑制了企业的技术创新，此外，企业每年召开股东大会、董事会及监事会次数越多，越不利于企业技术创新[95]。上述文献均是从微观层面对公司治理与企业技术创新的关系进行了实证分析，叶德珠、张泽君（2014）等以我国31个省、市、自治区数据为研究对象，从区域层面对公司治理与技术创新之间的关系进行检验，研究发现地区股东治理更加关注股东制衡以防止隧道效应，减少大股东对中小股东的利益侵占，从而导致经理人参与技术创新活动的积极性，不利于企业技术创新水平的提升；地区经理治理较高时，经理人与股东之间的利益分歧越小，经理人越倾向于提升企业技术创新水平。此外，在地区经理层治理水平不变的情况下，要素投入、开放程度及生产总值的增加也会在一定程度上提升企业的技术创新水平[96]。

目前关于技术资本与公司治理的实证研究较少，在罗福凯（2014）对技术资本产生、作用机制及理论框进行系统阐述之前，关于技术资本的研究较为分散，公司治理对技术资本的影响也仅限于以某一行业为例[7]。刘志滨（2009）通过对我国沪深两地信息技术业上市公司的数据进行实证分析，以探究技术资本与公司治理的关系，研究发现技术资本与公司治理关系并不显著[97]。随后，有学者以制造业上市公司为研究对象，实证检验了公司治理因素对技术资本的影响[98]。公司治理由内部治理机制和外部治理机制两部分组成，内部治理的作用主要体现在通过内部产权安排以降低信息不对称、缓解代理冲突，外部治理则主要通过法律、中介及中小利益保护措施来间接降低代理成本。上述文献所列示的技术资本具有一定的局限性，与本书存在一定差异，随后，罗福凯、周红根（2014）在不断完善的技术资本定义及内涵的基础之上进一步探究了基于股东特质的视角，以2007~2011年我国A股高端装备制造业上市公司为样本，检验不同股东对企业技术资本和绩效的调节效应[99]。

2.8 融资约束与公司治理对技术资本文献述评

将技术资本纳入融资约束和公司治理的统一分析框架中的相关文献相对罕见。周红根、罗福凯、赵海燕（2015）发表了《融资约束、公司治理与技术资本配置》一文，文中以 2009～2013 年我国制造业上市公司为样本，研究技术资本存量与融资约束和公司治理的关系，得到融资约束抑制了技术资本的配置存量；我国制造业上市公司普遍存在融资约束；在融资来源方面，技术资本配置首选内部融资，其次是股权融资，最后是债权融资；在不同的公司治理水平下，技术资本配置与融资来源和融资约束程度的关系均有所差异[20]。接着，孙菁、周红根等（2016）发表了《技术资本非效率配置：融资约束抑或代理冲突？》一文，将技术资本非效率配置的原因归结为融资约束和代理冲突，得到我国技术资本非效率配置的原因主要是由于融资约束引发的技术资本配置不足，而不是代理冲突所致的配置过度[19]。

2.9　本章小结

回顾国内外学者的有关文献，发现对技术资本的研究逐步从规范研究、对宏观经济的影响，逐步深入对微观企业的实证分析，研究越发深入，从概念、内涵、理论、方法上均不断得到发展与丰富。但是在梳理文献过程中也发现一些不足：首先，在技术资本的定义、内涵和技术资本在微观企业的范围界定存在争议。其次，还未有相关文献对我国技术资本的存量和增量状况进行非常详细的统计分析。再次，大多数微观企业技术资本研究或者是纯规范研究，或者是从某一个角度对技术资本进行实证研究，未能将技术资本投资和投资效率纳入一个统一严格的分析框架。同时，还未发现有研究技术资本投资非效率的具体效率值和损失值是多少的相关文献。最后，发现大多数纯微观企业技术资本的研究用的都是技术资本存量概念，从增量的视角分析技术资本投资和投资效率还需进一步探索。综合上述考虑，还有必要进一步将技术资本投资和投资效率纳入融资约束和公司治理的严格的分析框架，分析二者对投资和投资效率的影响和路径，并进一步对我国技术资本的分布状况做一个详细的统计描述，拓展技术资本理论和实践的进一步发展，给企业、政府和学术界提供政策支持和有益的参考。

第3章

理论基础与技术资本
非效率投资行为

3.1　相关理论基础

3.1.1　资本理论

资本作为经济学的重要概念之一，其理论发展已有几百年历史，我国一直坚持和发展马克思的资本理论，并将"资本是生产剩余价值的价值"的资本要领及其原理作为指导我国经济发展的重要理论基石。马克思的资本理论是建立在前人关于资本理论的研究探索之上的，既有其科学先进之处，也有其不足之处，其后也有部分学者对其进行补充与批判，进而形成了经济学角度下多维度的资本理论，因此对资本理论进行重新归纳和探索具有一定的理论与现实意义。

古典经济学派的资本理论以魁奈、斯密、李嘉图等经济学家为代表，主要有农业资本理论、资财资本理论及生产资料等理论，这些经济学家均认为资本本质上是一个经济学和财务学的范畴，也是一种自然的社会存在的形态。农业资本理论的代表人物魁奈将生产性资本界定为"预付"，具体划分为"原预付"和"年预付"两种方式，也就是财务学中的固定和流动资本的概念，但其对资本的界定仅限于农业生产，且关于"预付"一词的概念也较不明确。随后，法国重农主义者杜尔阁进一步弥补了魁奈关于资本界定的局限性，认为资本的使用不仅局限于农业资本，工业资本和商业资本也应该包含在内。斯密关于资本的定义具有二元性，一方面认为资本是为获取利润而进行生产的生产资料；另一方面又近似承认资本是资本家对工人的剥削关系。斯密正式提出了流动资本与固定资本的概念，认为各个产业部门都可以将资本划分为固定资本与流动资本，并将资本的使用范围拓展到制造业、批发业与零售业当中。李嘉图也对流动资本与固定资本进行了探讨，李嘉图在斯密的基础上进一步研究固定和流动资本的划分标准，认为划分标准应该是"耐用性"。如果"耐用"且消耗慢则为固定资本，使用时间短、消耗快的为流动资本。总结来看，古典经济学派的资本理论由于受到阶级思想的束缚，认为资本即生产资料，这显然是错误的。

在对古典学派进行整理研究的基础之上，马克思对资本进行了更深一步的探索研究，认为资本是一种社会生产关系，是能够带来剩余价值的价值，并在其著作《资本论》中对资本进行了重新定义，达到了资本理论研究的一个新高度。马克思在对资本的定义具有二重性，既包含资本的社会属性，又包含资本的自然属性。对于马克思关于资本定义的具体理解为资本是能够带来剩余价值的价值，通过改变存在形态而不断进行增值、循环运动且包含了资产阶级对工人阶级的剥削关系。由于科学技术水平及人类认知的限制，马克思在对资本形成史和发展史进行探究时认为资本是一个社会的历史的范畴，会随着资本主义的兴起和消灭而存在和消失，这有悖于古典经济学派对资本永恒存在的认知。虽然马克思对资本的认知具有一定的局限性，但其经济学理论具有系统性与科学性，对优化我国资本配置，调整经济结构具有重要指导意义。

马歇尔的著作《经济学原理》的问世标志着新古典经济学的诞生，新古典经济学派坚持并维护资本主义制度，其理论的代表作当中也不乏与马克思的资本理论相悖之处。马歇尔提出了财富资本论，认为除土地外，财富即资本[100]，从根本上否定了资本的历史性与社会性，把资本与作为物的财务混为一谈，这显然是错误的。作为新古典经济学派代表人物之一的庞巴维克在其著作《资本实证论》中对资本进行了系统研究，他在研究过程中发现生产过程中利用迂回的方式一定会比直接的方式的效率更高，在迂回过程中衍生出资本的作用，资本本质上是迂回生产的中介或产物。庞巴维克将资本的形成和中间产品相联系，这对当时资本理论的研究具有重要的推动作用。庞巴维克又进一步将资本形态分为社会资本和私人资本，认为社会资本是那些在迂回生产过程中能够充当生产资料的中间产品，而私人产品则是那些能够带来利息的物品[101]。1936年凯恩斯的著作《就业、利息和货币通论》的问世代表了其对新古典经济学的发展与改革，理论上提出了三大心理规律将导致有效需求的不足，仅靠市场调节是不够的，提倡政府干预经济，通过财政政策和货币政策刺激消费、扩大投资。随后，历史上形成了针对凯恩斯理论进行继承与发展的两大不同的派系，分别是以萨缪尔森为代表的新古典综合派和以琼·罗宾逊为代表的后凯恩斯学派，针对资本理论展开了不同的讨论。以萨缪尔森为代表的新古典综合派，进一步对凯恩斯理论进行了解释与补充，并通过 IS－LM 模型来证明政府调节对经济发展的重要性。以琼·罗宾逊为代表的后凯恩斯学派则提出了非生产要素理论，认为资本是由劳动所创造的，资本非生产要素是商品的一种，其价格应该由成本与利润来决定。非生产要素理论的提出丰富和发展了凯恩斯主义，但其在分析价格形成时并非按照价值构成来分析，而是从产品分析，显然是不够科学的。我国学者罗福凯在总结分析前人关于资本理论的基础上提出了要素资本命题，认为人力资本、财务资本、实物资产资本、技术资本及信息资本和知识资本构成了企业的资本总额，企业的资本结构即各要素数量及其所占比例，要素资本及其价值增值之和也就是企业价值的组成部分，如何创造企业价值，也就是如何合理安排要素资本的配置比例[102]。

3.1.2　产权理论

根据产权理论，明晰的产权划分与完善的产权结构能够提高企业的生产效率，优化企业资源配置，是影响现代企业公司价值的重要因素之一。经济学家科斯率先提出了现代产权理论，开创了西方产权理论的先河，科斯认为产权应该从权利的行使角度进行定义，即产权关注的是人与人之间的关系，而非人与物之间的关系[103]。其在《社会成本问题》一文中指出，明晰产权对市场经济发展具有重要的推动作用，产权明晰化是解决市场摩擦和资源配置的有效途径，明确的产权制度安排能够降低社会成本、提高资源配置效率[104]。

马克思的产权理论认为，产权是随着发展进步而出现的，并非天生就有的，生产力水平决定了产权的形式，并随着生产力水平的发展而不断完善。马克思认为，产权是包含所有权、使用权、索取权、继承权和不可侵犯权等在内的一组权利束，而非单一权利或单纯的所有权[105]。在马克思关于所有权与所有制关系的论述中我们得知，产权中的所有权与所有制形式密切相关，所有制是所有权的最终归属，因此马克思对产权的定义主要是上层建筑上的法律所有权。马克思的产权理论延承了科斯认为产权关注的是人与人之间关系的观点，但两者由于研究背景、研究目的的不同，其在产权变革的动因方面具有不同的观点。马克思产权理论的目的在于揭示资本主义产权制度的本质，因此其认为产权制度变革的根本原因在于生产力与生产关系、经济基础与上层建筑之间的矛盾；西方产权理论则是为了提高市场运行效率，因此认为效率的不同是产权制度变革的原因。

在我国，国有企业是国家经济的基本组成单位，对维护市场秩序，推动经济发展起着至关重要的作用，国有产权是产权的组成之一，因此具备产权所包含的基本权利，国家是国有企业的所有者，是唯一对国有企业资产具有剩余索取权的主体。根据我国产权制度的安排，国有企业对管理者缺乏有效的监督体系，极易出现因监管不到位所导致的道德风险和逆向选择，进而导致国有企业投资效率低下。相比国有企业而言，民营企业的产权结构更具可控性，经营者与所有者目标更为趋同，经营者监督成本相对较低，降低了经营者进行资产侵占、利润操纵近而损害公司利益的可能性。

3.1.3 委托代理理论

当个体业主完成资本积累后，企业形式由原来的经营权和所有权两权合一转为两权分离，委托代理关系由此出现，为委托代理理论的形成提供了契机。所谓委托代理理论，是指由于经营者与所有者信息不对称可能导致所有者利益受到损失，进而通过设计一种成本最低的契约或机制，是所有者效应最大化的理论，该理论形成于 20 世纪 70 年代，已有大量学者对此进行了研究探讨，并形成双边代理理论、多代理人理论、多任务代理理论等丰富的研究成果[106]。委托代理理论的假设之一是人都是以自我利益为中心的经济人，因此委托人与代理人之间极易出现利益冲突，进而导致机会主义倾向，代理人为追求自身效益最大化可能会损害委托人的利益。委托代理理论的第二个假设是两者之间的信息不对称的问题，所有者与代理人两权分离程度较高，所有者不能全部了解代理人的动机和行为，代理人利用自身信息优势谋取自身利益最大化的行为可能导致委托人利益受损，因此委托人必须通过设计一套尽可能体现代理人努力效益且符合自身利益的契约或机制[107]。在委托代理关系中，当以上两点假设任一点不存在即企业满足不存在利益冲突或不存在信息不对称时，代理问题均不存在或能够得到及时有效解决，当以上两点假设均存在时，代理问题随即产生[108]。委托人在设计代理机制时要遵循双边利益最大化原则，即委托人要求代理人达到预定目标以实现自身效应最大化的同时也要使代理人达到利益最大化，才能使代理人以委托人利益为中心，最大限度地降低机会主义倾向。随着对委托代理理论研究的不断深入，信息理论、激励理论等相继融合到委托代理理论的研究之中，研究重点也逐渐从对两权分离原因解释及现象描述转向如何有效设计对代理人的约束激励机制。此外，也有学者认为，除代理人与委托人存在代理问题外，债权人与管理者之间也存在一定的委托代理问题，债权人主要关注的是企业是否能够在规定的时间内还本付息，因此债权人也能够起到一定的监督激励作用，提高了管理者谋求私利的机会成本。

3.1.4 信息不对称理论

在经济学研究领域当中，一条重要的前提假设是信息是完全充分的，即经济人拥有完全信息，然而在现实生活中，交易双方不可能完全掌握交易信息，由此导致交易双方掌握的交易信息存在偏差，掌握信息较多的一方极易为谋取自身利益最大化而使掌握信息较少的一方蒙受损失。信息不对称理论最早是于20世纪70年代由经济学家阿克洛夫、斯彭斯和斯蒂格利茨（Akerlof，Spence and Stiglitz）提出的，主要阐述了由于交易信息在交易双方的不对称分布所导致的对市场交易行为及运行效率产生的影响。信息不对称是指某一方相对于另一方在具体交易事项的某些方面掌握了更多的信息，产生这种不对称的原因既有主观因素也有客观因素，主观因素如交易各方所获得信息的能力、渠道及侧重点不同，客观因素可能与社会劳动分工的不同及专业化差别有关。信息不对称的表现形式是多样的，其中包括买方与卖方、卖方与卖方及买方与买方之间的信息不对称[109]，我们重点研究第一种表现形式。信息不对称主要指的是信息在交易双方非对称，交易自身一方比对方拥有更多的信息，使得拥有信息更多的一方可能会引发代理问题，也即道德风险及逆向选择。具体到微观企业而言，信息不对称存在于所有者、经营者、外部投资者及债权人等多方主体之间，经营者与所有者之间的信息不对称使企业所有者与经营者出现利益分向，所有者未能及时发现经营者的利己行为，导致企业出现投资过度现象；债权人与经营者之间的信息不对称可能会影响到企业现金流及融资成本的高低，进而影响投资效率；外部投资者与企业之间的信息不对称可能会使得股票价值被高估或低估，从而使其中一方或买卖双方利益受到损失。

3.1.5　融资理论

不同学者对融资概念的界定不一，但究其本质，融资可以理解为资金的筹集，包括内外部融资方式、渠道及运用状况。内源融资是指企业自成立之日起的原始积累及日常运营过程中剩余价值的资本化[110]，主要包括原始股本、留存收益等，内源融资相对来说风险较小、成本较低，有利于企业稳健经营，但内源融资不能满足企业快速扩张的需要，当借款利率低于资本回报率时，仅靠内源融资会造成企业价值受损；外源融资是指向企业之外的其他经济主体筹集资金的方式，主要包括以股权融资与债权融资为主的直接融资和以银行借款为主的间接融资。20 世纪 70 年代以来，信息不对称理论、权衡理论、信号传递理论等经济学的分支领域日渐成熟，由此部分学者开始将信息不对称、信号传递等与企业融资结构及融资方式的选择相结合，极大地推动了企业融资理论的发展。梅耶斯和麦吉勒夫于 1984 年正式提出优序融资理论，该理论认为企业不存在理想的负债水平，企业需要根据投资项目的大小来决定是否进行融资，在融资顺序上，首选内源融资，其次是债务融资和股权融资[111]。梅耶斯和麦吉勒夫指出，恰当的融资顺序不仅能够降低企业融资成本，而且能够向市场及投资者传递积极正面的信息，从而提升企业价值。优序融资理论认为，在资本市场中，企业新的投资者或潜在投资者所掌握的企业信息总是不及现有投资者，如果企业投资项目前景较好，那么现有投资者往往不愿与新的投资者分享收益，此时若企业发行股票，新的投资者往往会要求更高的投资报酬率，进而提高了企业的外部融资成本[112]，因此企业应首选内源融资方式。与股权融资相比，债权融资只需要支付固定的本金和利息，其他收益仍由原股东获得，因此在外源融资方面，债权融资优于股权融资。

3.1.6　投资理论

从微观企业视角来看，投资是指任何能够引起企业价值或财富增加的投入产出活动，主要包括将资金、技术等生产要素直接投入生产过程以获得利润的直接投资和将资金投入金融市场以获得收益的间接投资[113]。20 世纪以来，投资理论取得了丰富的研究成果，了解并掌握一定的投资理论有助于企业有效把握资本成本及合理安排资本结构。

如何合理确定资本和投资结构一直以来均是财务学主要关注点。具体而言，资本结构主要是指企业债务资本与权益资本的构成比例关系，资本结构的不同组合使企业承担不同的资本成本与财务风险，对企业价值也会产生不同的影响。莫迪利亚尼和米勒两位学者最早于 1958 年提出了著名的 MM 理论，主要研究了资本结构、股息政策等对企业价值的影响，并认为公司价值与资本结构和股息政策无关，而仅仅取决于企业的投资组合，颠覆了企业价值与融资方式及其途径相关的观念。早期的 MM 理论认为企业的资本结构、资本成本、股利政策等因素长期来看并不能影响企业价值[56]，不少学者对此提出了困惑与不解。由于早期的 MM 理论的假设条件非常苛刻，现实中很难实现，因此 MM 理论提出之后经过一定程度的完善后形成了修正后的 MM 理论，去掉了企业不需缴纳所得税和负债无风险假设，认为所得税能够影响企业价值，当企业存在减税效应时，可以通过调整负债权益比率来提升企业价值，但随着负债水平的不断提高，会一定程度地抵消利息减税效应。

修正后的 MM 理论主要分析了负债所带来的减税效应，但其理论的不足之处在于未将负债风险及其带来的额外费用考虑进去，因此经济学家开始将负债所导致的破产成本加入 MM 理论体系当中，并逐渐形成了权衡理论，即企业应该在负债所带来的减税利益和破产成本之间进行权衡，代表人物是罗比切克（Robichek，1967）、克劳斯（Kraus，1973）等人。该理论认为，企业负债能够起到一定的税收抵减的作用，增加企业价值，但随着企业负债的累积，企业的财务风险加大，破产成本不断增加，加大了破产的可能性，并使企业在债务市场处于较为被动的地位，债务成本及其他额外成本加大，进而降低企业价值。因此企业在决定资本结构时要权衡负债的减税效应和破产成本，最佳资本结构位于负债所增加的企业价值与负债所增加的破产成本和其他额外费用相等时的均衡点上。

3.2　技术资本及其非效率投资行为分析

3.2.1　技术资本内涵、属性与投资特征

在人类社会早期，技术虽然没有被给予归纳总结，但是就人类社会的历史而言，本质上就是技术不断发展和完善的轨迹。直到一百多年前，经济学家才系统地将技术纳入经济学相关理论给予研究。《简明不列颠百科全书》中将技术定义为"技术是人类改变或控制客观环境的手段或活动"[114]。我国著名哲学家陈士俊对技术有深入系统的研究，他认为在人类社会早期技术是生产活动的技能和技巧，社会发展到了近现代，为了更好地适应自然活动和社会活动，技术逐步扩展到经济活动的工艺和流程，也即是人类时间活动中运用的物质手段、操作方法、技能技巧、工艺流程的总称（陈士俊、柳洲，2005）[115]。技术有广义和狭义之分。狭义的技术定义，指的是自然界技术，广义的技术定义指的是实践活动过程中对社会和自然的调节、技能技巧、手段和规则、控制和方法的总称（许秀梅，2016）[116]。本书的技术仅限于投入生产过程的各种技术资源，包括工艺、技能技巧、核心工具和规则程序，不含先进的机器设备及知识和人力。

对于技术和技术资本，罗福凯（2010）对此进行了有益的探讨，认为对企业发挥作用的技术和自然界的技术有所差异，技术必须通过确权并经过交易环节才能发挥资本作用[40]。而对于技术资产、技术投资和技术资本之间的关系，许秀梅（2016）认为技术资本本质上是企业资源与权利的结合体，技术资本体现为生产性的特点正是资源的体现，而技术资本的归属性则为企业的权利的体现。所以说，技术资本本质上具体表

现为对技术的权利[116]。单纯就微观企业的技术资本，需要以对技术的需求为起点，经过研发、外购和联盟等方式积累创造高新技术、登记所有权凭证、完成交易买卖等一系列的过程和机制，最终技术得已转化为技术资本。总的来说，技术资本是通过 R&D、外购、企业联盟、合作开发等途径取得的产权清晰的技术诀窍、商标、专利（技术）、生产系统、研发机构、专有技术、管理系统、软件以及其他技术权利。

属性的本质是事物本身所固有的性质，具有基本的不可分离的特性，又可以表现为某个事物的某一方面的表现。技术资本除了具有创造价值等资本共有的属性外，还具有技术资本不同于其他资本的独有属性，也就是共性和个性。罗福凯指出技术资本具有发明性、模拟自然性和仿复制性三个本质特征[117]。许秀梅（2016）提出，技术资本除了罗福凯（2011）的三个本质特征外，还具有增值性、商品性、动态性、创新性、垄断性、时效性、可分离性、异质性和价值减损性九个特征。罗福凯（2011）和许秀梅（2016）对技术资本的特征做了非常详细的分析、阐述，对技术资本的内涵特征进行了深入的探索，意义非常重大。

本书结合罗福凯（2011）和许秀梅（2016）所述的技术资本特征后，提出技术资本投资具有不确定性高、风险大、沉淀成本高、收益期限长、可抵押性低、竞争程度高、信息不对称性高等特征。从技术资本的范围来看，技术资本投资主体部分是研发投资形成的高新技术，高新技术具有研发成功的概率较低、风险大；从技术资本使用方面看，短期内可以给企业带来超额收益，但技术外溢、吸收和技术进步的影响，未来可以给企业带来超额收益的不确定性会越发加大。具体而言，不确定性高包含两个方面：一个是技术的不确定性；另一个是经济环境的不确定性。技术作为技术资本投资决策的内生变量，研发的新技术成功与否具有高度的不确定性与风险；作为技术资本投资的外生变量，外部的经济波动幅度较大，不确定性较高。由于技术研发和技术创造价值的商业化周期较长，加之知识储存非常困难，研发、外购、联盟等形成的生产系统、研发机构和管理系统的资产专用性强，沉淀成本比例很高，资产专用性强。我们都知道，研发投入主要用于购买实验材料、支付高额的研发人员工资福利，购买的固定资产的专用性与其他投资相比更强。同时从实践中获悉，一般对于研发企业或项目，企业的研发资金有 50% 以上的技术投资资金被用于支付研发人员薪酬福利，导致研发投资或形成的技术资本进行担保的可抵押价值低。除此之外，技术资本投资具有高度的信息不对称，企业内部人员或管理层对技术的把控相比较外部投资者而言更具优势，当外部资金提供者对企业技术资本进行投资决策时可能产生信息充分沟通的情况，就算获得外部投资者的技术投资资金供应，资金成本相比也较高。

3.2.2 技术资本非效率投资行为分析

技术资本投资行为必然受到投资的属性、特征和所处的内外部环境的影响。上面提及的相关理论、技术资本属性和技术资本投资的特征，将会影响到企业融资约束程度、代理问题的解决和公司治理状况，并进一步影响到技术资本投资的行为。本部分我们将结合相关理论，结合技术资本属性和投资特征，分析技术资本非效率投资的内在机理。

1. 融资约束与技术资本非效率投资行为

由于资本市场的不完美，代理成本、交易费用和信息不对称的存在，内外部资金成本不一，主要表现为外部资金成本高于内部资金成本，此时可能使得企业从外部渠道获得资金的难度加大，从而面临融资约束。当融资约束存在时，由于融资成本的提高和融资难的问题导致原来可行的项目不可行，或者丧失投资机会，进一步引发投资水平下降或投资不足。但是另外一方面，因为技术资本具有增值性和创新性，垄断性等特点，所以管理层和公司治理层可能会从长远考虑，在资金缺乏时优先考虑投资技术资本，增强企业未来的核心竞争力。

首先，与一般的固定资产投资相比，技术资本投资具有技术和经济环境不确定更高风险的特征，具有超额收益不确定性，由于技术外溢的外部性、技术吸收和技术进步等的影响，外部投资对该种类型的投资有规避心理。特别是对于债权投资而言，如果向企业提供贷款，可能会要求更高的风险升水，提高债务成本，或者直接拒绝该类贷款，使得企业面临的融资约束程度越高。其次，国有性质企业，治理机制不健全的、资金充裕的民营企业，均可能会面临"预算软约束"，将资金投向收益见效快、股东或民众相对了解的行业，减少这类信息不对称高的技术资本投资项目，这将加重企业的融资约束程度。再次，由于技术资本存在资产专用性强、沉淀成本高、大多研发资金都用于高额的员工薪酬福利的发放，导致企业将资金用于担保抵押等方面较少，从另外一个角度表明此时可能会使得企业面临更为严重的融资约束。进一步，技术资本投资由于信息不对称，外部投资者甚至内部管理层对技术资本投资项目给企业带来核心竞争力的前景不明，内部管理层之间和外部投资者之间比一般的固定资产投资项目呈现的代理问题更为突出，内部资金的使用和外部资金的筹集可能更为困难，给企业技术资本投资项目带来资金匮乏的现象。最后，由于技术资本的创新性、价值增值性、垄断性等特点，提高技术资本投资的比例，将增大企业未来的核心竞争力，当企业具有战略目标可能存在缺乏资金时，却加大技术资本投资的力度。

2. 委托代理与技术资本非效率投资行为

委托代理问题是一种委托人与代理人之间的合约关系，委托人会雇佣代理人代表他们去从事某种活动，并给予代理人相应的决策权（Michael C. Jensen，William H. Meckling，1976）[118]。由经济人假设可知，委托人和代理人均是追求自身效用最大化，代理人在监督激励机制不健全、合约不完备、利益不一致时，不会总是以委托人效用最大化利益行事，甚至会为了自身利益损害委托人的利益。代理问题在技术资本非效率投资行为的主要表现如下：

（1）技术资本投资过度。技术资本具有信息不对称程度高等特征，委托方和代理方对于技术资本投资项目存在高度的信息不对称，经营者可能会在投资项目中获得经营者私有收益或构建"企业帝国"谋求更高的报酬或更多的资源支配权（在职消费、选择供应商、任人唯亲、关联交易等），经理人会滥用企业自由现金流，导致技术资本投资过度。同时，由于代理问题的存在，经理人通常会将资源过度投资于与经纪人自身专长相一致的专用性投资方面，技术资本往往就是该类专用性投资，使得经理人很难被取代，形成管理层盘踞（Entrenchment），该种情况下，经理人由于给其带来私人收益，具有过度投资倾向[119]。

（2）技术资本投资不足。也有部分学者提出私人成本假说，认为经理人在实施投资项目时会付出个人努力而承担私人成本。一方面，企业投资行为会给企业带来私人收益；另一方面，投资行为也会给企业带来诸如新项目的启动带来的更大责任（学习新知识、监管等）。对于技术资本投资而言，这种责任可能因为新的技术和市场的不确定性的技术资本投资特征，使得代理人害怕项目失败发生控制权转移，从而承担的私人成本更高，最终会表现为技术资本投资不足[120]。此时，当代理人承担私人成本时，技术资本投资可能表现为低于最优投资边界，经理人的风险厌恶程度越高，投资不足的程度越高。

3. 公司治理与技术资本非效率投资分析

代理成本从某种程度上而言也是公司治理问题，苏冶、连玉君（2011）从股权治理、控制权、外部监督、管理层激励和债务治理五个公司治理变量对代理成本进行刻画，并用来对我国上市公司代理成本进行估算[12]。同时，公司治理作为缓解代理问题的有效途径[121]，与技术资本非效率投资行为之间必然存在某种联系。

一方面，委托人和代理人之间的代理理论认为经理人会从投资中获取私人收益，此时投资规模会由于企业价值最大化决定的最优边界。在不存在融资约束时，企业会趋向于过度投资。自由现金流理论认为，当公司内外部治理机制很完善，公司治理就会减少经理人在投资项目中获取私人收益规模或将自由现金流返还给外部资金提供者，最终缓解企业过度投资情况（Jensen，1986）[11]。技术资本投资属于投资的一种特殊方式，公司治理缓解公司过度投资技术资本的结论同样适用于技术资本。

另一方面，融资约束产生的原因是信息不对称导致的逆向选择和两权分离引发的道德风险。一般而言，融资约束程度较低或融资能力越强，投资及技术资本投资支出越高，公司治理能够通过提高透明度减少信息不对称缓解逆向选择和道德风险，从而缓解融资约束水平，最终达到缓解技术资本投资不足的现状。

3.3　本章小结

本章首先提出了与本书研究有关的相关理论基础，在此基础上对技术资本的内涵、属性特征及技术资本非效率投资行为的机理进行分析阐述。一方面，技术资本投资行为会由于融资约束的影响受到抑制，使得技术资本投资支出低于其最优边界；另一方面，公司治理作为衡量代理成本的一种代理变量（苏冶、连玉君，2011）[12]，由于代理问题的存在，经理人为了构建"企业帝国"，谋求在职消费和职权支配，这样公司治理可能会使得技术资本投资支出高于其最优边界，促进技术资本投资支出。同时公司治理作为缓解代理成本的有效途径，可能会对融资约束与技术资本投资支出和投资效率起到调节作用。其中，3.1节介绍了资本理论、委托代理理论、产权理论、投融资理论等相关基础理论。接下来，进一步提出技术资本的相关理论，重点阐述技术资本的内涵、属性和技术资本投资的特征，结合委托代理理论、融资约束和公司治理的相关理论阐述技术资本非效率投资行为，为下面章节的实证研究奠定良好的基础。

第 *4* 章

技术资本存量分布状况与
敛散性研究

近 20 年来，国内学者运用规范研究方法对技术资本内涵、属性、作用机制等方面进行了研究，并奠定了良好的理论基础。国外学者从 21 世纪初开始尝试利用实证研究方法从技术资本与国家总生产函数、国民经济核算账户、对外直接投资等宏观经济层面进行研究。但是纵观国内外相关文献，发现从微观企业层面对技术资本进行实证研究的成果相对较少，主要原因可能在于技术资本定义不清，数据难以收集，不少文献均采用模糊的替代变量来定义技术资本。关于微观企业技术资本测算，许秀梅（2016）分行业对技术资本总量进行了测算，在此基础上进一步分析了技术资本的内部构成，且与人力资本和实物资本进行了对比[116]。其他详细测算并描述技术资本分布状况，并对测算结果进行详细分析及技术资本是否存在省域收敛性的文献较为罕见。

与许秀梅（2016）测算并分析技术资本分布状况的角度不同，本章根据技术资本内涵，首先对 2008～2014 年我国 31 个省份上市公司的 7381 个样本的技术资本进行了测算。其次，对样本整体分行业、区域和股权性质技术资本分布状况进行分析，为了剔除市场扩容和有效性自愿披露影响，进一步将样本整体构建平衡面板数据，分析不同年份相同上市公司的技术资本分布状况。再次，通过构建非平衡面板数据，利用标准差和广义系统矩估计（SYSGMM）对省域技术资本分别进行 σ 收敛和 β 收敛的检验，以考察我国上市公司的省域技术资本的敛散性，力图在该领域做一个尝试，弥补学界对该领域的一个空白。

4.1　技术资本测算、样本与数据说明

近年来，国内学者开始尝试对微观企业的技术资本进行测算，罗福凯（2014）[7]对此进行了理论探索，认为技术资本同人力资本或物质资本一样，也是一种在微观层面可以测度的资本要素，技术资本与技术成果、转化速度之间存在函数关系，在其他变量一定的情况下，技术资本与企业竞争力存在正向促进关系。

4.1.1　技术资本测算的前期文献

前期文献中，直接测算技术资本，并作为技术资本的替代变量进行实证研究的文献较少。在选取技术资本的替代变量时，国内外学者的主要做法有苏甘尼斯（Sougiannis，2004），列夫和纳林（Lev and Narin，1999）将研发费用与主营业务收入的比值作为技术资本指标[122]；杨帆、陈肖丹（2014）[123]将专利、非专利技术、软件、研发支出和研发费用等作为技术资本的替代测度变量；王海龙（2015）将专有技术、专利技术、软件和 R&D 支出作为技术资本的替代测度变量[52]；也有学者将是否回国带回了技术和是否拥有专利作为技术资本的替代变量（苗琦、鲍越、刘鹰，2015）[124]；艾伦和爱德华（2009，2010）将技术资本界定为专利、非专利技术、商标及重要的技术部门等[5]~[6]；梁莱歆和张焕凤（2005）将技术资产与总资产的比值作为技术资本投入。王永梅（2003）采用技术人员与员工总数的比率衡量技术资本投资水平[125]。罗福凯，周红根（2014）[99]和罗福凯、于江等（2013）[126]将技术资本定义为专利、非专利技术、软件。秦善勇（2011）通过调查问卷的方式，将技术资本由技术

设备、知识资本、信息资本、R&D 资本和创新能力资本 5 个维度分量表组成[127]。唐辉亮（2014）将各省市高新技术产业 R&D 内部经费支出与劳动密集型产业的 R&D 内部经费支出之比作为区域技术资本配置结构[128]。张之光（2012）将 IT 资本，也即 IT 投资支出作为信息技术资本的测度变量[129]。

从上述相关技术资本的代理变量可以看出，基本分为以下几类：一是采用研发投入与总资产或营业收入或净资产等的比值作为替代变量；二是将高新技术产业 R&D 内部经费支出与劳动密集型产业的 R&D 内部经费支出之比作为技术资本的替代变量；三是将信息技术资本和技术资本等同起来，利用 IT 投资支出作为信息技术资本的代理变量；四是将专利、非专利技术和软件等技术资本的各组成部分之和作为技术资本的替代变量。第一种方式把研发投入作为技术资本的替代变量，技术创新的过程变量和结果变量未被区分。研发投入在会计核算上有费用化和资本化两种情况。前者为研发失败和资本浪费，后者是研发成功、研发成果产权确立并形成技术资本，技术创新得以实现。所以用研发投入与相关财务指标的比值作为技术资本的替代变量不能很好地反映技术资本的真正内涵。第二种和第三种技术资本的测度方式分别反映的是区域技术资本的配置结构和 IT 投资支出，与技术资本的内涵差异较大，同时把信息技术资本与技术资本等同起来，信息技术资本只是技术资本的一个组成部分。第四种方式界定技术资本内涵相对可靠，但不全面，很多学者也试图通过这种测度方式来衡量技术资本，并将其作为技术资本的替代度量变量，但是技术资本组成不同，其原因可能是对技术资本的内涵界定不清以及有些组成部分数据不易获取之故。

国内学者中对技术资本的研究具有代表性的主要观点是认为技术资本应该区分经济领域中的技术和哲学里的技术类知识，经济领域的技术包括技能、技巧和技艺、生产工艺、软件、生产流程、核心工具和相关的术用载体，人力和劳动等其他要素不属于技术资本范畴。同时认为，上述技术资本范畴只有通过新兴生产或生活方式的产生，投入生产或交易，通过所有权确权，进入流通与交换领域后才能将技术转化为资本，并进一步形成技术资本。国外学者对技术资本研究最具代表性的观点认为技术资本是研发过程中形成技术诀窍、商标、专利（技术）、生产系统和研发机构等。

4.1.2 技术资本测算的样本选择和数据说明

本章在罗福凯（2014）[7]和艾伦和爱德华（2009，2010）[5]~[6]对技术资本内涵界定的基础上，认为微观企业层面的技术资本包含专利、非专利技术、系统与软件、其他技术权利等组成部分，具体包含技术诀窍、商标、专利（技术）、控制系统、信息系统平台、研发机构、软件、许可转让费、技术使用权、软件使用权等项目。

我国新会计准则从2007年开始执行，要求资产负债表无形资产项目中提供相应的明细项目。鉴于我国资本市场的不断完善和监管层的监管力度的不断加大，无论是法定披露还是自愿披露，企业在无形资产明细中披露相应的技术资本明细越来越详细，也为我们收集技术资本存量数据提供了条件。为了翔实地反映技术资本的状况，我们从国泰安数据库中收集2008~2014年沪深A股上市公司财务报告附注中无形资产明细，逐项整理其中属于技术资本定义的项目，并进行归类整理，为技术资本相关的学术研究进行初步的尝试。

4.2 技术资本存量分布状况分析

通过国泰安数据库，我们收集了2008~2014年沪深A股上市公司在无形资产明细中详细披露技术资本组成项目的公司。其中，排除了年度技术资本披露项目为零或空的上市公司。具体对外披露技术资本项目的公司数量如表4-1所示。

表 4 - 1　　　　　对外披露技术资本的各行业样本个数　　　　单位：个

类别	2008 年	2009 年	2010 年	2011 年	2012 年	2013 年	2014 年
样本个数	585	615	852	1070	1175	1245	1840
其中：							
农、林、牧、渔业（A）	10	8	14	13	14	17	26
采掘业（B）	7	10	11	21	21	23	49
制造业（C）	425	447	632	796	859	904	1049
电力、煤气、水生产与供应（D）	16	13	15	14	17	21	61
建筑业（E）	7	9	18	28	31	32	53
交通运输、仓储业（F）	7	6	4	6	11	11	54
信息技术业（G）	51	57	89	107	127	139	260
批发零售贸易业（H）	22	25	30	37	41	42	104
金融、保险业（I）	2	3	1	1	1	2	3
房地产业（J）	9	9	8	10	9	7	71
社会服务业（K）	6	5	13	18	22	23	62
传播与文化产业（L）	4	6	7	10	13	15	30
综合类（M）	19	17	10	9	9	9	18

资料来源：笔者根据国泰安（CSMAR）数据库整理。

无论从监管角度的法定披露和证券市场完善的自愿披露考虑，无形资产明细中对外披露技术资本项目的公司数量逐年上升，从 2008 年的 585 家上市公司逐步提高到 2014 年的 1840 家。从表 4 - 1 发现，除金融保险业和综合类行业披露的公司数量大体保持不变且数量较少外，其他行业披露技术资本的上市公司家数大体均呈现逐年上升的趋势。特别是，制造业和信息技术业，这两个行业披露数量与全行业披露数量占比达到 80.49%，且呈逐年稳步上升趋势。其他行业披露的上市公司数量均较

少，区别不大。其中，批发零售贸易业披露的数量相对较多，达到
4.07%。金融保险业披露技术资本存量具体项目的上市公司历年来均为
1~3 家，变化不大，且发现其金额与其他行业的上市公司相比无较大差
异。鉴于金融保险业上市公司实际数量较多，但披露技术资本的金融保
险类公司仅为 1~3 家，所以认为金融保险业技术资本数据存在异常值，
故在下面具体分析和收敛性研究中均将行业剔除。

　　鉴于我国会计准则没有强制性要求必须披露技术资本的硬性规定，
只要求披露研发投入等技术资本的部分组成项目，出于公司自愿披露的
可能，某些公司可能会有选择性披露的动机。同时，由于我国证券市场
的不断完善与扩容，近年来 IPO 上市的公司数量逐年上升，且数量较大。
所以，本部分先对未考虑市场扩容与有效性自愿披露影响的样本整体技
术资本配置状况进行分析和描述。进一步，通过构建平衡面板，分析和
描述剔除市场扩容和有效性自愿披露影响后不同年份相同上市公司技术
资本配置状况。在分行业、区域和股权性质对技术资本配置状况进行分
析时，本章首先分析技术资本总量的配置状况，总量配置可能会受到公
司数量和企业规模大小的影响，公司数量的影响我们通过构建平衡面板
得以消除，企业规模大小的影响我们拟用公司技术资本总量除以企业员
工人数加以消除，即人均技术资本配置状况。

4.2.1　样本整体技术资本存量分布状况

1. 分行业技术资本存量分布状况分析

　　（1）分行业技术资本总量分布分析。从图 4-1 我们发现，技术资本
总量呈现稳步上升趋势，涨幅较大，从 2008 年的 20538 百万元到 2014 年
的 147693 百万元，总体增长率为 619.12%。按照 2001 年证监会《上市
公司行业类指引》分类发现制造业和信息技术业，其时序图均与总体时
序走势大致一样，均呈现稳步上升的趋势。制造业从 2008 年的 11362 百
万元提高到 2014 年 77797 百万元，总体增长率为 584.73%。信息技术业

2014 年技术资本总量是 2008 年总量的 11.32 倍，即总体增长率为 1032.05%。

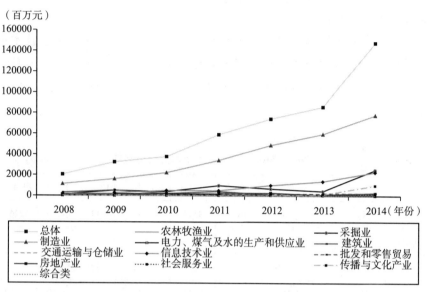

图 4 - 1 2008～2014 年上市公司分行业技术资本总量趋势

资料来源：笔者根据国泰安（CSMAR）数据库整理。

农林牧渔业、批发零售业、社会服务业和传播文化业总体趋势是稳步上升的，分别从 69 百万元到 381 百万元，675 百万元到 3016 百万元，370 百万元到 2099 百万元，117 百万元到 9993 百万元，大约提高幅度均为 5 倍左右，其中传播与文化业技术资本总量 2014 年是 2008 年的 85.21 倍。采掘业技术资本总量变化较大，从 2011 年开始，技术资本总量逐步下降，但是到了 2014 年又呈现较大幅度的提高。建筑业和交通运输业、房地产业均呈现下降的趋势。出现这种变化主要与近年来我国供给侧结构性改革有关（魏秀梅、潘爱玲，2017）[130]。具体而言，制造业和信息技术业是技术资本配置的主要行业，这两个行业的技术创新对其未来的核心竞争力有决定性的影响，故在该两类行业中配置较多的技术资本，总量逐年稳步提高也表明我国制造业和信息技术业对技术创新的态度越发重视。建筑业和房地产业技术资本总量均呈现下降的趋势也表明我国目前建筑业和房地产业投资过热的趋势有所下降。但是在 2014 年大多数行业的技术资本总量与前几年相比上升幅度较大，主要与 2014 年市场扩容和上市公司自愿披露技术资本项目的态度有关，这表明我国证券市场也在逐步完善和有效。

（2）分行业人均技术资本分布分析。前面已经分析了分行业技术资本总量 2008 ~ 2014 年时序图，考虑到公司规模大小对公司技术资本总量的影响，我们进一步分析人均技术资本的分行业分布状况，如表 4 - 2 所示。

表 4 - 2　　　　　2008 ~ 2014 年人均技术资本分行业趋势　　　　单位：元

行业	2008 年	2009 年	2010 年	2011 年	2012 年	2013 年	2014 年
总体	6694	7613	8343	9892	10849	10950	12468
其中：							
农林牧渔业	1249	850	993	1552	1800	2263	2578
采掘业	3172	4931	8042	14942	10993	13819	15004
制造业	6037	7634	7761	8829	11038	12507	14040
电煤水生产供应业	12736	36999	11911	13352	8535	8525	10208
建筑业	10494	11069	4045	5353	1338	1597	2165
交通运输与仓储业	3706	3665	9363	6466	1972	2081	2154
信息技术业	13104	9307	20630	22185	23533	30399	30576
批发和零售贸易	8265	8990	8156	10202	11316	11765	14678
房地产业	19164	22299	85190	212218	235232	58579	11741
社会服务业	62040	20488	14950	10105	14262	14046	9807
传播与文化产业	8821	11283	17104	11080	18693	21895	27828
综合类	8150	3774	5911	15587	4413	4323	6473

资料来源：笔者根据国泰安（CSMAR）数据库整理。

从总体来看，人均技术资本呈现稳步上升的趋势，2014年人均技术资本大约是2008年的两倍。农林牧渔业在个别年份出现轻微下降的趋势，但是从2009~2014年，人均技术资本呈现稳步上升的趋势。采掘业、制造业、信息技术业、批发零售业和传播文化业人均技术资本均大致呈现稳步上升的趋势。建筑业、交通运输业、房地产业和社会服务业人均技术资本大致表现为下降的趋势。建筑业和社会服务业人均技术资本下降较为明显。电煤气生产供应业、综合类和房地产业呈现先上升、后下降的趋势。在各行业人均技术资本的时序中，我们发现，房地产业的人均技术资本最高，信息技术业、社会服务业和传播文化业人均技术资本也较高。

2. 分区域技术资本存量分布状况分析

（1）分区域的技术资本总量分布状况。鉴于我国地区间经济发展状况不一，东部地区与其他区域相比发展较快，东北地区近年来经济增长乏力，在分析行业技术资本配置状况后对区域间技术资本配置状况进行分析，有一定的理论和现实意义。为了保持全书的一致和统一，按照王小鲁、樊纲（2016）的区域划分法[131]，将我国划分为东部地区、中部地区、西部地区和东北地区四大区域，具体配置状况如图4-2所示。

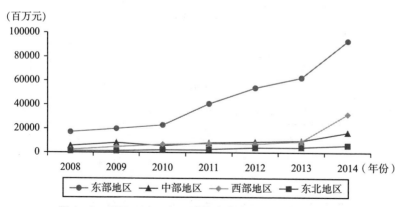

图4-2　2008~2014年区域技术资本总量配置状况趋势

资料来源：笔者根据国泰安（CSMAR）数据库整理。

从图 4-2 我们发现，东部地区的技术资本总量比其他地区的技术资本总量要高出很多，特别是和东北地区技术资本总量相比，差距巨大。从地区的角度分析，中部地区技术资本总量和西部地区技术资本总量呈现相互追赶的局面，在 2010～2013 年，中部地区技术资本总量要比西部地区要大，二者差别不大，但是在 2014 年，西部地区的技术资本总量和中部地区相比，增速明显。东北地区技术资本总量虽然从 2008～2014 年呈现稳步上升的趋势，但是上升幅度较小。同时东北地区和其他地区相比，技术资本总量明显偏低。

（2）分区域人均技术资本分布状况。从表 4-3 可以看出，总体而言，分区域人均技术资本，东部地区和东北地区呈现稳步上升的趋势，东部地区人均技术资本从 2008 年的 0.55 万元到 2014 年的 1.13 万元，东北地区人均技术资本从 2008 年的 0.64 万元到 1.13 万元。中部地区 2008～2014 年人均技术资本大致呈现下降趋势，其间有轻微变化。西部地区人均技术资本变化较大，不稳定。从四大区域总体而言，2008～2011 年东部地区比其他区域人均技术资本要低，从 2012 年开始东部地区人均技术资本均比其他区域要高。

表 4-3　　　　2008～2014 年人均技术资本分区域时序　　单位：万元

	2008 年	2009 年	2010 年	2011 年	2012 年	2013 年	2014 年
东部地区							
人均技术资本	0.55	0.56	0.74	0.97	1.15	1.12	1.13
中部地区							
人均技术资本	1.27	1.54	0.99	0.96	0.98	1.02	0.98
西部地区							
人均技术资本	0.64	1.03	1.27	1.23	0.84	1.02	2.37
东北地区							
人均技术资本	0.64	0.60	0.78	0.83	1.08	1.13	1.13

资料来源：笔者根据国泰安（CSMAR）数据库整理。

3. 分股权性质技术资本存量分布状况分析

我国上市公司股权结构与西方国家有较大差异，证券市场成立之初，大部分上市公司均是由国有企业转变而来。随着我国股权分置改革和民营企业的快速增长，民营企业通过 IPO 上市的公司数量逐年增加。不同的股权性质的上市公司因为控制权人的性质不同，可能在公司决策、企业经营战略和公司治理机制等方面均存在差异。虽然国有上市公司人员超编的现状有所改善，但是还未得到根本性的扭转，所以在人均技术资本方面可能会和非国有企业相比有较大差异。非国有上市公司决策机制灵活、组织活力强、竞争力有所提高，越发重视技术创新的过程、结果和相应的技术资本配置。总之，不同股权性质上市公司在技术资本配置方面可能会存在差异。本部分将样本整体分为国有和非国有，分析技术资本总量和人均技术资本在不同股权性质下的差异。

（1）分股权性质的技术资本总量分布状况。从图 4-3 可以看出，从 2008~2014 年，国有公司技术资本总量比非国有上市公司高，且差距较大。在非国有上市公司时序中，表现为技术资本总量逐年稳步增长，而国有上市公司 2009~2013 年变化不大，国有上市公司技术资本总量虽然呈上升趋势，但变化较大，呈折线上升趋势，在 2014 年差距进一步拉大。

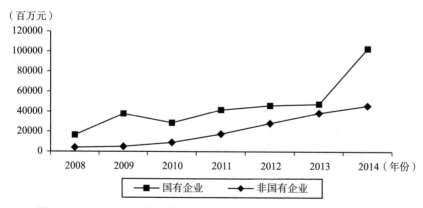

图 4-3　2008~2014 年国有与非国有上市公司技术资本总量趋势对比

资料来源：笔者根据国泰安（CSMAR）数据整理。

究其原因，可能在于国有企业的体量一般较非国有公司大，加之国有企业数量众多，所以国有公司技术资本总量比非国有总量高。为了剔除由于体量导致的结果不准确，下面将按人均技术资本对不同股权性质的配置状况进一步分析。

（2）分股权性质的人均技术资本分布状况分析。从图4－4发现，非国有上市公司人均技术资本从2008～2013年逐年稳步上升，2010～2013年的上升幅度比2008～2010年幅度更大，2014年人均技术资本出现下降的状况。但国有企业人均技术资本从2009～2013年呈现逐年下降的趋势，2014年人均技术资本出现上升的趋势。

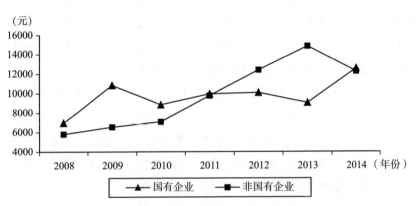

图4－4　2008～2014年国有与非国有上市公司人均技术资本时序

资料来源：笔者根据国泰安（CSMAR）数据库整理。

进一步，本章发现在2008～2014年，人均技术资本出现两次重叠的状况，表明人均技术资本在不同股权性质的公司出现相等的状况。在2011年前，国有上市公司人均技术资本比非国有技术资本要高，但是从2011年后，非国有上市公司人均技术资本通过逐步追赶，超过了国有上市公司的人均技术资本，在2014年又达到一个重叠。

4.2.2　剔除市场扩容和自愿披露影响后的技术资本存量分布状况

通过对样本整体 2008～2014 年技术资本分布状况的初步分析和了解，本章发现从 2008～2014 年，对外披露技术资本的上市公司数量由 585 家增加到 1840 家。由于近年来证券市场的不断扩容，加之上市公司本身的自愿披露的影响，上述分析结果不一定可靠。本章剔除市场扩容或有效性自愿披露的影响后，通过构建 2008～2014 年样本整体的平衡面板，进一步分析不同年份相同上市公司的技术资本分布状况，得到的结论更加可靠。

1. 分行业不同年份相同上市公司技术资本存量分布状况

（1）分行业不同年份相同上市公司技术资本总量分析。通过构建平衡面板分行业描述不同年份相同上市公司技术资本配置状况，如表 4－4 所示。总体而言，技术资本总量逐年提高，2014 年是 2008 年技术资本总量的 3 倍左右，增长幅度较大，除 2012 年出现轻微下降外，其余年份均呈现稳步上升的趋势。

表 4－4　　　2008～2014 年分行业平衡面板技术资本总量分布状况　单位：十万元

行业	2008 年	2009 年	2010 年	2011 年	2012 年	2013 年	2014 年
总体	174598	237036	240569	363916	341560	389256	533262
其中：							
农林牧渔业	409	362	417	497	360	484	554
采掘业	11950	13912	22007	78317	21645	23037	21012
制造业	102840	134737	163599	206523	258652	289462	388781
电煤水生产供应业	6491	6350	7187	7741	8136	8397	8002

行业	2008 年	2009 年	2010 年	2011 年	2012 年	2013 年	2014 年
建筑业	31957	49456	16949	33551	1748	1900	2954
交通运输与仓储业	73	73	26	14	5	3	22
信息技术业	12110	14215	20183	24811	34858	47474	96557
批发和零售贸易	3754	4944	6254	8404	10135	11798	8990
房地产业	1999	465	399	441	506	759	629
社会服务业	431	588	493	392	343	461	4159
传播与文化产业	1169	1367	2328	2346	4298	4569	5670
综合类	1418	568	725	880	874	913	1535

资料来源：笔者根据国泰安（CSMAR）数据库整理。

分行业可知，技术资本总量较大的行业主要集中在制造业、信息技术业、建筑业和采掘业。其中，制造业技术资本总量最高，制造业和信息技术业均呈现稳步上升的趋势，而采掘业和建筑业技术资本总量呈现先上升后下降的时序。其中，建筑业下降幅度较快。2014 年制造业和信息技术业技术资本总量分别是 2008 年总量的 3.78 倍和 7.97 倍。

传播与文化产业、批发零售业和电煤气生产供应业技术资本总量大致呈现上升的趋势。农林牧渔业、房地产业、交通运输仓储业有一定变化，趋势不明显，且技术资本总量较小。社会服务业从 2008～2013 年变化幅度不大，但是 2014 年出现巨幅上升。交通运输与仓储业样本量较小，形成平衡面板后上市公司数量更少，所以从 2008～2014 年，技术资本总量和企业行业相比，总量较少，且呈现逐年下降的趋势。

（2）分行业不同年份相同上市公司人均技术资本分布分析。通过构建平衡面板分行业对人均技术资本进行描述，如表 4－5 所示。总体而言，人均技术资本大体呈现上升的趋势，2014 年人均技术资本大约是 2008 年的 2 倍。但是在 2012 年出现轻微短暂的下降后开始上升。

表 4 - 5　　　2008～2014 年分行业平衡面板人均技术资本分布状况　　单位：元

行业	2008 年	2009 年	2010 年	2011 年	2012 年	2013 年	2014 年
总体	7409	9225	8930	12902	10826	11631	15440
其中：							
农林牧渔业	866	734	881	1033	753	1060	1274
采掘业	3193	3591	5644	19865	5502	5941	5551
制造业	7178	9036	9533	11080	12225	12540	18745
电煤水生产供应业	19419	44530	23291	23044	12796	14312	14059
建筑业	10509	15752	5223	9994	521	561	862
交通运输与仓储业	2084	2055	657	332	125	62	180
信息技术业	21463	8098	31604	36842	32123	38861	24246
批发和零售贸易	5287	6396	7362	20686	19099	22356	16142
房地产业	27369	6018	6217	6771	7281	10074	1958
社会服务业	26428	39040	55361	45806	13711	17000	10178
传播与文化产业	10723	12774	19874	20850	39112	39240	45399
综合类	9979	3846	5379	6148	6869	6385	8827

资料来源：笔者根据国泰安（CSMAR）数据库整理。

制造业呈现稳步上升的时序，2014 年人均技术资本大约是 2008 年的 2.61 倍。农林牧渔业人均技术资本整体呈现上升的趋势，但在 2012 年出现暂时性的下降。采掘业人均技术资本出现先上升后下降的时序。电煤水生产供应业人均技术资本较高，时序呈现先上升后下降的趋势，在 2009 年人均技术资本最高，达到 44530 元。建筑业和交通运输仓储业，人均技术资本总体呈现下降的趋势，且下降幅度较大。信息技术业整体人均技术资本变化幅度不大，但是和其他行业相比总额较大，在 2009 年人均技术资本出现较大幅度的下降，其余年份变化幅度较小。批发零售业与传播文化业整体分别呈现上升的时序，但批发零售业在部分年份出现一定的波动。房地产业整体呈现下降的趋势，但在 2013 年出现暂时性的上升，而社会服务业出现先上升后下降的时序。综合类上市公司人均技术资本整体有一定的波动，规律性不强。

2. 分股权性质不同年份相同上市公司技术资本存量分布状况

（1）分股权性质不同年份相同上市公司技术资本总量分析。从图 4 - 5 可以发现，技术资本总量呈现逐年上升的趋势，在 2012 年出现轻微短暂下降后逐步上升。

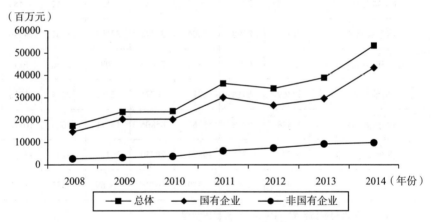

图 4 - 5　2008～2014 年分股权性质平衡面板技术资本总量时序

资料来源：笔者根据国泰安（CSMAR）数据库整理。

2008～2014 年，国有企业技术资本总量均比非国有技术资本总量要高，国有上市公司技术资本总量的时序图和上市公司总体的时序图走势大体一致，也是先上升，在 2012 年出现轻微短暂下降后再上升的时序。但是非国有上市公司时序图呈现稳步上升的趋势。

（2）分股权性质不同年份相同上市公司人均技术资本分析。如图

4 - 6 所示。无论是样本总体、国有上市公司组还是非国有上市公司组，其时序图大致相当，均表现为整体上的逐步提高趋势。国有企业组人均技术资本比非国有人均技术资本要高。非国有上市公司人均技术资本呈现逐步上升的趋势，在 2008 ~ 2011 年，人均技术资本上升幅度较大，2011 ~ 2014 年上升幅度较小。国有企业组人均技术资本在 2008 ~ 2011 年，走势和上升幅度与国有企业基本一致，不同在于 2011 ~ 2013 年，人均技术资本呈现下降的趋势。国有上市公司与非国有上市公司人均技术资本在 2013 年出现交叉后均呈现上升的趋势，但是 2014 年人均技术资本国有组上升幅度较非国有组要大。

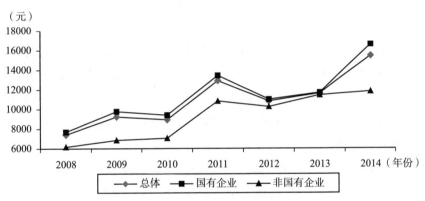

图 4 - 6　2008 ~ 2014 年分股权性质平衡面板人均技术资本时序

资料来源：笔者根据国泰安（CSMAR）数据库整理。

3. 分区域的不同年份相同上市公司技术资本存量分布状况

（1）分区域不同年份相同上市公司技术资本总量分析，结果如图 4 - 7 所示。我们发现，和其他地区相比，东部地区技术资本总量远高于其他三个区域，该地区技术资本总量除了 2011 ~ 2013 年提高的幅度较小外，其余年份技术资本总量提高的幅度均较大。

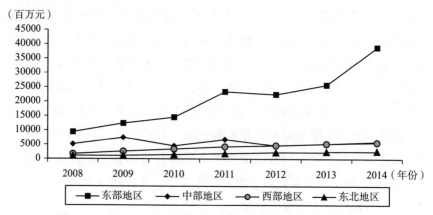

（百万元）

图4－7　2008～2014年分股权性质平衡面板技术资本总量时序

资料来源：笔者根据国泰安（CSMAR）数据库整理。

　　同时，我们发现，中部地区技术资本总量呈现下降趋势，而西部地区和东北地区技术资本总量走势呈现稳步上升趋势，但增长缓慢。从2008～2012年，中部地区技术资本总量要比西部地区和东北地区要高，但是从2012年开始，中部地区和西部地区技术资本总量基本一致，但都比东北地区要高。

　　（2）分区域不同年份相同上市公司人均技术资本分析。从各区域人均技术资本趋势图4－8发现，中部地区人均技术资本和其他区域相对比较高，变化幅度较大，呈折线形下降趋势，在2009年达到最高，约为22000元，但是在2012年仅为10000元左右。其他各区域，均呈现折线形上升趋势，特别是东部地区上升幅度较大。东北地区人均技术资本稳步上升，西部地区从2008～2011年呈现上升趋势，且涨幅较大，从2011年开始出现轻微短暂性下降后小幅上涨。到2014年，东部地区人均技术资本最高，东北地区次之，西部地区再次之，东北地区最少。

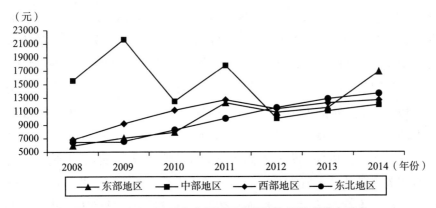

图 4 - 8　2008 ~ 2014 年分区域平衡面板人均技术资本时序

资料来源：笔者根据国泰安（CSMAR）数据库整理。

4.3　技术资本敛散性研究

收敛理论最初用于经济增长研究领域，起源于索洛和斯旺（Solow and Swan，1956）的新古典经济增长理论，认为由于资本边际报酬递减，会使得经济落后地区的经济体会慢慢追赶经济发达地区经济体，从长期来看，经济落后地区和经济发达地区经济体人均产出趋于稳定状态。20世纪80年代以后，新增长理论对其提出质疑，认为技术变迁的内生性、人力资本外部性和规模报酬递增等特点，改变资本报酬递减的特点，实现资本边际报酬不变或递增，也就是认为长期来看，强者越强，弱者越弱，经济发达地区和经济落后地区的经济体增长不是收敛于某一稳定状态，而是趋于发散的。

自从收敛理论提出后，逐步发展为以 σ 收敛、β 收敛以及俱乐部收敛的检验方法。国内外学者根据上述检验方法，从不同视角进行了相关研究，在许多领域得到广泛应用，主要集中在经济增长的收敛（Barro R. J.，1992[132]；Carlino G.，1993[133]；沈坤荣等，2002[134]；周亚虹等，2009[135]；蔡昉等，2000[136]）、碳排放的收敛性（Strazicich，2003[137]；Ezcurra，2007[138]；Aldy，2007[139]；杨骞等，2012[140]；许广月，

2010[141]；王群伟，2010；齐绍洲，2007[143]）、能源强度与经济增长的收敛性（Markandya，2004[144]；Mielnika，2000[145]）、技术效率的收敛性（吴诣民，2004[146]；赵伟，2005[147]；于君博，2006[148]；石风光、周明，2011[149]）、人力资本投资的收敛性（岳书敬，2008[150]；周天勇，1994[151]；黄乾等2015[152]）、国家区域间教育和健康的收敛性（谢童伟、张锦华等，2011[153]；韩海彬等2010[154]）等。总之，大量的文献表明，国内外学者对不同视角的收敛性进行了研究，但是还未发现有相关文献从技术资本角度对其收敛性进行分析研究。鉴于这一研究的重要性，本章尝试利用省级面板数据，从省域、区域的人均技术资本存量的动态平衡面板数据的计量方法，系统地对我国上市公司人均技术资本的收敛性进行研究，期望能够得出我国技术资本投资状况收敛抑或发散的证据。

4.3.1 数据来源、变量选择与模型

1. 数据来源与变量选择

本部分的实证研究数据是基于我国上市公司各变量汇总后的省级数据。均来源于国泰安（CSMAR）数据库。其中，人均技术资本分别将样本的技术资本存量和员工人数按照省域和年份汇总后相除得到。除了上述人均技术资本这一关键变量外。鉴于公司规模、资产负债率、总资产周转率、营业收入增长率、总资产净利润、股利分配率和第一大股东持股比例可能会影响公司融资的渠道和来源、公司治理水平等，导致公司技术资本存量配置的大小可能不一样，进一步会影响公司人均技术资本的大小，所以将上述影响因素设置为控制变量。具体变量名称和定义如表4-6所示。

表 4 - 6　　　　　　　　　　　技术资本敛散的变量设计

变量符号	变量名称	变量定义
PERTC	人均技术资本	分别将样本的技术资本和员工人数按省域和年份汇总后相除得到的省域人均技术资本
PERSIZE	公司规模	按省域和年份汇总后公司总资产自然对数的均值
PERLEV	资产负债率	按省域和年份汇总后公司资产负债率的均值
PERTAT	总资产周转率	按省域和年份汇总后公司总资产周转率的均值
PERS	营业收入增长率	按省域和年份汇总后公司营业收入增长率的均值
PERROA	总资产净利率	按省域和年份汇总后公司总资产净利率的均值
PERDIV	股利分配率	按省域和年份汇总后公司股利分配率的均值
PERCR1	第一大股东持股比例	按省域和年份汇总后公司第一大股东持股比例均值

2. 模型设计

对于相关的敛散性研究，以 σ 收敛、β 收敛以及俱乐部收敛为主。σ收敛是指落后地区与发达地区之间的人均技术资本差距逐步缩小的趋势，σ 表示地区人均技术资本的离散程度。离散程度（σ）如果变小了，则区域技术资本存在 σ 收敛。反之，则说明区域人均技术资本差异呈扩大趋势，则区域人均技术资本存在 σ 发散。早期 β 收敛的实证研究一般都是通过采用截面数据（比如 Barro，1992）进行分析，但是界面数据可能存在不同区域技术资本差异性没有得到较好地考虑，同时只有样本初期和终了两个时期的信息得到了利用，所以利用界面数据来分析收敛性，可能会存在异方差和偏误等问题（Jobert et al.，2010）[155]。所以本章基于 2008 ~ 2014 年的非平衡面板数据进行分析，可以较好地控制不同省域之间的异方差性和修正忽略变量引起的偏误。

针对 σ 收敛，主要研究地区间人均技术资本的标准差随着时间推移的变化状况，如果随着时间推移，标准差下降，则存在 σ 收敛。本部分采用人均技术资本的自然对数的标准差来衡量省域间技术资本的敛散性。

计算公式如下。

$$Y_{it} = \ln(\mathrm{PERTC}_{i,t}) , \quad Y_t = \frac{1}{N} \sum_{i=1}^{N} Y_{it} , \quad i = 1,\ 2,\ \cdots,\ N;\ t = 1,\ 2,\ \cdots,\ T$$

$$\sigma_t = \sqrt{\frac{1}{N-1} \sum_{i=1}^{N} (Y_{it} - Y_t)^2} \qquad (4-1)$$

针对 β 收敛，本章将采用如下对数形式作为收敛性研究的基准模型：

$$\ln\left(\frac{\mathrm{PERTC}_{it}}{\mathrm{PERTC}_{i,t-1}}\right) = \alpha + \beta\ln(\mathrm{PERTC}_{i,t-1}) + Z_{it}\eta + \mu_i + \xi_t + \varepsilon_{it}$$

$$(4-2)$$

其中，PERTC_{it} 表示省域 i 在第 t 年的人均技术资本存量，Z_{it} 为影响人均技术资本存量的控制变量构成的向量。β 和 η 分别为解释变量和一系列控制变量的回归系数。α 为截距项，μ_i 为各省域不随时间变化但影响人均技术资本存量的特有性质，ξ_t 为对各省域相同但随时间变化的影响人均技术资本的时间效应，ε_{it} 为随机误差项。当归方程中，包含控制变量 Z_{it} 时表示 β 收敛的条件趋同，反之，则表示 β 收敛的绝对趋同。在上述模型（4-2）中，我们最关心 β 的系数，如果显著为负，则表示人均技术资本存在 β 收敛，反之则是发散的。

进一步，我们将模型（4-1）进行变形，将动态性显性地引入回归方程，我们在模型（4-1）的两侧同时加入 $\ln(\mathrm{PERTC}_{i,t-1})$，得到：

$$\ln(\mathrm{PERTC}_{it}) = \alpha + \gamma\ln(\mathrm{PERTC}_{i,t-1}) + Z_{it}\eta + \mu_i + \xi_t + \varepsilon_{it} \qquad (4-3)$$

其中，$\gamma = \beta + 1$，其他和模型（4-2）一致。这样就将模型（4-2）转化为标准的动态模型，采用工具变量法或 GMM 估计，工具变量法需要找到合适的工具变量来消除内生性的影响，但是实际上寻找合适的工具变量非常困难，因而我们采用阿雷拉诺和邦德（Arellano and Bond, 1998）创建的 GMM 方法估计上述方程。GMM 本质上也是一种工具变量法，但是选用其前定变量和一系列外生变量的滞后项作为工具变量，用于消除内生性的影响。一般 GMM 方法分为一阶差分 GMM（Anderson and Hsiao, 1981）和系统 GMM（Blundell and Bond, 1998），而一阶差分 GMM 通过差分过程消除了省域不随时间变化的影响人均技术资本的因素，而这些因素可能会导致结果出现明显偏误[49]，所以我们主要采用系统

GMM 来估计模型（4-3）。

3. 描述性统计

我们通过将样本整体构建面板数据，将上市公司按省域和年份进行汇总后，得到我国 31 个省份的 2008~2014 年 7 年的数据，得到 217 个样本。对这 217 个样本进行描述性统计后发现，省域人均技术资本均值为 11000 元，最大值为 83000 元，最小值仅为 872.92 元，差异较大（见表 4-7）。

表 4-7　　　　　　　　　　　技术资本敛散性描述性统计

variable	obs	mean	Std. Dev	min	max
PERTC（元）	217	11000.00	9816.47	872.92	83000.00
PERSIZE	217	21.63	0.47	20.42	22.87
PERLEV	217	0.48	0.10	0.22	0.81
PERTAT	217	0.66	0.15	0.30	1.21
PERS	217	2.74	25.79	(0.66)	375.31
PERROA	217	0.04	0.08	(0.15)	1.15
PERDIV	217	0.26	0.40	(0.97)	4.81
PERCR1	217	35.29	4.12	21.56	46.91

资产负债率均值为 0.48，最大值为 0.81，最小值为 0.22。总资产周转率均值为 0.66 倍，最大值为 1.21 倍，最小值好为 0.3 倍。净资产收益率平均仅为 4%，最大值为 115%，最小值为 -15%。第一大股东持股比例均值为 35.29%，最大值为 46.91%，最小值为 21.56%。

4.3.2 实证结果及分析

1. σ 收敛及其检验结果

按照上述模型（4-1），我们采用人均技术资本分别对全国所有的上市公司样本进行了 σ 收敛检验，同时将样本按照最新的四大区的划分，分为东部地区、中部地区、西部地区和东北地区进行 σ 收敛检验，检验结果如图 4-9 所示。

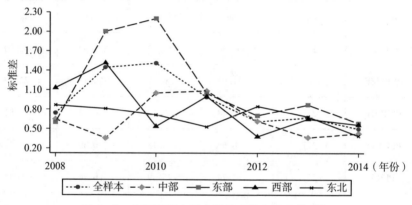

图 4-9 全国及四大区人均技术资本标准差对比

从图 4-9 发现，全国样本、东部地区、西部地区、中部地区和东北地区总体而言，标准差整体均呈现缩小的趋势，表明我国上市公司人均技术资本存在收敛趋势。进一步我们也发现，在 2008 ~ 2010 年，人均技术资本呈现存在 σ 收敛检验结果为发散，2010 年以后，整体出现收敛的趋势。

具体而言，我国上市公司整体表现为 2008 ~ 2010 年标准差呈现扩大的趋势，也就是表明在这期间存在省域人均技术资本发散的趋势，而在 2010 年以后，人均技术资本标准差逐渐减少，且减少的幅度较快，说明样本整体在 2010 年以后存在 σ 收敛。将样本分区域后，发现东部地区人均技术资本的标准差和样本整体的标准差走势基本一致，这说明东部地区的人均技术资本的敛散性和样本整体一致。中部地区也是表现为先发散后收敛的趋势，但是中部地区和全样本及东部地区相比，收敛时间相对晚一年，是 2011 年。西部地区和东北地区人均技术资本均表现为折现型下降的趋势，这说明西部地区和东北地区人均技术资本存在 σ 收敛。

2. β 条件收敛及其检验结果

考虑到增长方程的人均技术资本不同效应设定的收敛模型（4 – 3）是一个动态面板模型，如果随机干扰项不存在自相关，那么使用差分 GMM 估计，但是差分 GMM 估计容易受到弱工具变量的影响，所以使用水平 GMM 更为有效。未来更好地具有有限样本性质，将差分 GMM 和水平 GMM 结合起来的系统 GMM 更为有效，所以我们采用系统 GMM 估计模型（4 – 3）。

为了对比我们分别给出了 OLS、固定效应和系统 GMM 的估计结果。普通 OLS 估计滞后项的系数一般存在高估的特点，而固定效应估计结果偏向于低估，如果系统 GMM 估计的滞后项系数介于 OLS 和固定效应估计的滞后项系数之间，我们则认为系统 GMM 的估计结果是可靠有效的（Bond et al.，2001）[156]。

我们是通过对模型（4 – 3）进行估计，模型（3）的系数 $\gamma = \beta + 1$，如果 γ 处于 0 ~ 1 之间，则表明 β 值为负数，存在条件收敛。我们通过表 4 – 8 发现，无论是普通 OLS、固定效应模型还是系统 GMM 估计方法，得到的结论均表明 γ 处于 0 ~ 1 之间，这说明 β 值均为负数，分别为 – 0. 345，– 0. 67 和 – 0. 459，均在 1% 的显著性水平下通过了检验。按照邦德等（2001）的做法，系统 GMM 的估计系数处于 OLS 和固定效应模型的估计系数之间，说明系统 GMM 的结果是可靠有效的。我们此时根据系统 GMM 的估计结果来对全样本进行解释。

表 4 – 8　　　　　　　　我国上市公司整体 β 条件收敛检验结果

变量	普通最小二乘法		随机效应模型		系统广义矩估计	
	系数	T 值	系数	T 值	系数	Z 值
$\ln(\text{PERTC}_{i,t-1})$	0.655 ***	12.56	0.33 ***	4.06	0.541 ***	3.8
$\text{PERSIZE}_{i,t-1}$	– 0.103 *	– 1.82	– 0.051	– 0.38	– 0.055	– 0.39
$\text{PERLEV}_{i,t-1}$	– 0.238	– 0.61	0.546	0.77	– 1.07 **	– 2.01
$\text{PERTAT}_{i,t-1}$	– 0.054	– 0.2	– 0.576	– 1.27	0.618	1.04
$\text{PERS}_{i,t-1}$	0.003 *	1.85	0.0025 *	1.72	0.003 **	1.91
$\text{PERROA}_{i,t-1}$	– 0.131	– 0.03	0.058	0.13	0.095	0.2
$\text{PERDIV}_{i,t-1}$	– 0.143 **	– 2.25	– 0.254 **	– 2.40	– 2.08 **	– 1.88
$\text{CR1}_{i,t-1}$	– 0.009	– 1.00	– 0.066	– 0.43	– 0.017	– 0.09
CONS	5.909 ***	2.89	7.62 **	2.58	5.606 *	1.76
行业	控制		控制		控制	
年份	控制		控制		控制	
F – (P – value) 或 wald chi2	21.70 ***		3.78 ***		21.21 ***	

注：*** 、** 和 * 分别表示在 1%，5% 和 10% 的显著性水平下显著。

通过表 4 – 8，对 SYSGMM 的估计结果表明，省域人均技术资本的滞后一期的结果是 – 0.459，在 1% 的显著性水平下通过了检验，这说明我国上市公司整体按省域估计的结果是存在条件 β 条件收敛的。根据索洛和斯旺（1956）的新古典经济增长理论，结合技术资本的特点，我们认为经济落后省域的上市公司在技术资本配置数量方面会逐渐追赶上经济发达省域的技术资本配置存量，经济落后省域和经济发达省域的人均技术资本配置状况会逐渐趋于稳定均衡的状态。

资产负债率与人均技术资本的回归系数为 – 1.07，且在 5% 的水平下通过了检验，这表明资产负债率越高，人均技术资本越低，和预期的符号和结果一致。营业收入增长率与人均技术资本的回归系数为0.003，且在5%的水平下通过了检验，也说明营业收入增长率越高，企业可能有动力和能力去配置更高的技术资本。股利分配率与人均技术资本的回归系数和在5%的水平下显著为负，说明股利分配率越高，企业配置人均技术资本越少，是由于股利分配率越高，企业留存的利润或现金流越少，这样企业可能将利润或现金流配置到短期、更有效的项目上去，导致企业技术资本配置数量降低。第一大股东持股比例、企业规模、总资产周转率和总资产净利率符号和预期一样，但是均没有通过显著性检验。

通过上述 OLS、固定效应和系统 GMM 估计结果，发现系统 GMM 估计的滞后项系数处于 OLS 和固定效应之间，根据邦德等（2001）的发现，采用系统 GMM 估计更为可靠和有效。所以我们进一步通过系统 GMM 估计，将我国上市公司整体样本分为最新的四大区，分别为东部地区、中部地区、西部地区和东北地区，分别进行回归，得到的检验结果如表 4 - 9 所示。

表 4 - 9　　　　分区域的人均技术资本收敛的系统 GMM 估计结果

变量	东部地区		中部地区		西部地区		东北地区	
	系数	Z 值	系数	Z 值	系数	Z 值	系数	Z 值
$\ln(\text{PERTC}_{i,t-1})$	0.676 ***	4.23	0.253	0.98	0.612 ***	3.41	1.136 ***	3.90
$\text{PERSIZE}_{i,t-1}$	-0.440	-0.15	-0.259	-0.37	-0.351 *	1.93	-0.255	-0.62
$\text{PERLEV}_{i,t-1}$	-3.06 *	-1.79	2.071	0.68	-1.315 *	-1.81	-1.61	-0.62
$\text{PERTAT}_{i,t-1}$	1.46 **	2.01	-0.562	-0.39	0.112	0.12	0.579	0.37
$\text{PERS}_{i,t-1}$	0.03	0.85	0.18 **	2.12	0.002	0.72	0.006 *	1.87
$\text{PERROA}_{i,t-1}$	-3.83	-0.71	-0.853	-0.09	-0.002	-0.00	-0.643	-0.14

续表

变量	东部地区		中部地区		西部地区		东北地区	
	系数	Z 值	系数	Z 值	系数	Z 值	系数	Z 值
$PERDIV_{i,t-1}$	-0.137	-0.40	0.839	0.48	-0.22*	-1.79	-0.47**	-2.01
$PERCR1_{,t-1}$	0.377	0.84	0.839	0.48	-0.029	-1.17	0.057	0.82
CONS	3.07**	2.02	13.2**	2.10	12.85***·	1.99	2.81***	3.28
行业	控制		控制		控制		控制	
年份	控制		控制		控制		控制	
wald chi2	39.21***		7.85**		16.73***		49.24***	

注：***、** 和 * 分别表示在 1%，5% 和 10% 的显著性水平下显著。

通过表 4-9 分区域的人均技术资本收敛的系统 GMM 检验结果，东部地区、中部地区和西部地区的人均技术资本的滞后一期回归系数均在 0~1 之间，但东北地区人均技术资本滞后一期，回归系数为 1.136，这表明东部地区、西部地区和中部地区按照模型（4-3）的 β 值为负数，东北地区的 β 值为正值。同时还发现，东部地区、西部地区和东北地区均在 1% 的显著性水平下通过了检验，中部地区没有通过显著性检验。检验结果为：东部地区和西部地区人均技术资本存在 β 条件收敛、中部地区 β 值为负，存在收敛的迹象，但是未通过显著性水平检验、东北地区 β 值为正，且通过 1% 的显著性水平检验，所以该地区人均技术资本存在发散的趋势。东北地区人均技术资本存在发散的趋势，主要原因可能在于东北地区的大型国有企业居多，冗余人员、效率低下等大型国有企业的弊端还是存在，而东部地区一直以来是我国国企改革、技术创新、公司治理等较好的地区，收敛情况明显。中部地区存在收敛迹象，但未通过显著性检验，西部地区近年来因为国家通过一系列的经济和行政手段，包括财政转移支付等方式进行扶持，近年来的 GDP 增长率都较高，中西部地区和东部地区的差距也在逐渐缩小，也表现在技术资本的配置方面，也符合新经济增长理论，存在逐渐收敛状况。

4.4　本章小结

本章围绕技术资本在 2008～2014 年的存量分布状况进行了测算，并对我国上市公司技术资本分总体、行业、股权性质和区域进行了详细描述和分析，为了更好地剔除证券市场扩容和监管披露的影响，进一步通过构建平衡面板分析技术资本的配置状况。在对我国上市公司样本整体和平衡面板进行了详细分析后，通过省域人均技术资本的数据，利用标准差和广义系统 GMM 的方法对我国上市公司技术资本的敛散性进行了研究，得到如下的结论。

4.4.1　上市公司对外披露的上市公司数量逐年增减，技术资本总量无论从样本整体还是通过构建平衡面板后均呈现稳步上升的趋势

具体而言，样本整体对外披露的上市公司数量从 2008 年的 585 家到 2014 年的 1840 家、技术资本总量也从 2008 年的 20538 百万元到 2014 年的 147693 百万元，总体增长率为 619.12%。鉴于近年来证券市场扩容所导致的上市公司数量增加，以及由于证券市场的逐步完善和监管机制的不断健全，无论从法定披露还是自愿披露的有效性，均导致上市公司对外披露技术资本的上市公司逐渐增加。为了更好地考察我国技术资本总量的变化趋势，构建平衡面板分析不同年份相同上市公司的技术资本总量变化趋势，也发现技术资本总量从 2008 年的 174598 百万元到 2014 年的 533262 百万元。

4.4.2　分行业技术资本分布状况

制造业和信息技术业对外披露技术资本的上市公司数量占总体样本的80%左右。无论从样本整体还是通过构建平衡面板后均发现，制造业、信息技术业、批发零售业、传播文化业、农林牧渔业和电煤气生产供应业技术资本总量和人均技术资本均大体呈现逐年稳步上升的时序，仅在个别年份中存在轻微的下降。建筑业、房地产业、交通运输业和社会服务业均表现为大体下降或变化不大的时序。

这个结果表明，在经济新常态的背景下，我国政府正努力推进供给侧结构性改革和新旧动能转换。在政策出台之前，国家和企业已经意识到了必须提高高端产品在企业中的比重，优化技术创新的结果，提高企业核心竞争力。"无形之手"在自动调节技术资本在各行业中的配置比重，加大了制造业、信息技术业、农林牧渔业等需要高新技术和关乎国计民生需要转型升级的行业的技术资本配置比重，自动减少或维持不变房地产业等过热行业或夕阳产业的配置比重。

4.4.3　分区域技术资本分布状况

在对样本分区域后，就东部地区而言，无论是样本整体还是构建平衡面板后的样本都发现，技术资本总量和人均技术资本均呈现大体逐年稳步上升的时序。就西部地区而言，除整体样本人均技术资本变化不大外，无论是样本整体还是构建平衡面板技术资本总量、人均技术资本均稳步上升。就中部地区而言，除了样本整体因为市场扩容的原因，技术资本总量呈现上升趋势，整体样本的人均技术资本、不同年份相同上市公司其总量、人均技术资本均呈现下降趋势。就东北地区而言，虽然东北地区总量和人均技术资本和其他各区域相比最低，但是与其他区域出现折线型上升或者下降相比，无论是样本整体还是构建平衡面板，其总量和人均技术资本一直呈现非常稳定的上升趋势。

4.4.4 分股权性质技术资本分布状况

总体而言，无论是技术资本总量还是人均技术资本，国有企业和非国有企业均呈现上升趋势，且均表现为国有企业大于非国有企业的现象，对于样本整体，不同的产权性质的企业出现你追我赶的竞争格局，但构建平衡面板后发现非国有企业人均技术资本上升的趋势更稳定。具体来说，样本整体国有企业技术资本总量大体呈现上升的趋势，在个别年份出现轻微下降，非国有企业和国有企业技术资本总量相比较小，也呈现稳步上升的趋势。对于人均技术资本，国有企业 2008～2013 年趋向于下降，非国有企业总体稳步上升，但是 2013～2014 年，国有企业上升，非国有企业下降，在 2011 年前，国有性质企业人均技术资本高于非国有，2011 年后，非国有高于国有，分别在 2011 年和 2014 年国有企业组和非国有企业组人均技术资本出现两次交叉。将样本整体通过构建平衡面板发现，技术资本总量国有企业表现为先上升，轻微下降后再上升的时序，非国有企业呈现稳步上升的趋势。但是平衡面板资料也表明，人均技术资本无论是国有企业组还是非国有企业组，均表现为上升的趋势，但是从 2011～2013 年国有企业组出现下降，而非国有企业组出现上升，2014 年非国有企业组上升幅度较国有企业组高。

4.4.5 上市公司技术资本敛散性

对我国上市公司人均技术资本的 σ 收敛检验后，发现从全国总体和各区域来看，人均技术资本的标准差整体呈现逐年缩小的趋势，在 2010 年前，部分地区出现发散的趋势，但是 2010 年后，无论是全国省域间，还是四大区都表现为非常明显的收敛趋势。为了进一步分析我国上市公司人均技术资本的敛散情况，我们还通过 β 收敛的检验，发现东部地区和西部地区人均技术资本存在 β 收敛、中部地区 β 值为负，存在收敛的迹象，但是未通过显著性水平检验、东北地区 β 值为正，且通过 1% 的显著性水平检验，所以该地区人均技术资本存在发散的趋势。

第 5 章

融资约束与技术资本
投资及其效率

已有大量文献表明，融资约束的存在会使得企业压缩或者停止固定资产投资，使得固定资产投资支出低于其最优水平，导致企业投资不足，也即表现为投资非效率。技术资本投资一方面具有不确定性高、沉淀成本高、可抵押性低、信息不对称程度高等区别于一般性固定资产投资的特征，资金提供方可能会更为谨慎，减少资金供给或在债权契约中添加限制性条款，这样可能导致在技术资本投资方面融资约束程度更高；另一方面技术资本投资具有能够增加企业核心竞争力等特征，有战略眼光的管理者或长期资金提供者会增加企业技术资本投资支出的资金供应，同时随着公司治理水平的提高，技术资本投资有可能不会因为融资约束的存在而受到抑制。这样，技术资本投资支出是否会和一般性固定资产投资一样受到融资约束的影响？融资约束是否会抑制技术资本投资支出？如果受融资约束的影响使得技术资本投资低于其最优边界，导致技术资本投资非效率，非效率的具体损失值是多少？

5.1 融资约束与技术资本投资支出的实证研究

融资约束问题是我国多数企业面临的普遍问题和制约我国经济进行

供给侧改革和转型升级的重要障碍之一。虽然目前我国为了解决微观企业融资难、融资贵等问题，推出了供给侧结构性改革和新旧动能转换的大政方针，更多地从政策上引导金融机构向民营、中小型企业提供资金，但是鉴于金融机构，特别是银行存在的原始的逐利本性和越来越严格的风险控制标准，所以微观企业还是不同程度地存在资金缺乏的现状。国内外很多学者做了大量的研究，普遍得出的结论是微观企业进行投资，当存在资金缺乏，也即存在融资约束时，会使得企业投资支出减少。区别于一般性投资，技术资本投资具有不确定性高、风险大、沉淀成本高、收益期限长、可抵押性低、竞争程度高、信息不对称性高等特征，加之技术资本本身具有增强企业未来核心竞争力的功能。一方面由于技术资本投资需要资金投入，当企业面临融资约束时，企业可能会减少技术资本投资支出；另一方面，又因为技术资本投资可以增加公司未来竞争力，当企业治理机制健全或具有长远的发展战略和目标时，公司管理层可能会加大技术资本投资水平，而不顾企业存在的融资约束问题。所以，企业在进行技术资本投资时是否会和一般固定资产投资支出一样受到抑制？有待于实证检验。

为了检验融资约束与技术资本投资的关系，本节分别构建多元判别模型和离散 Logistics 模型，得到两种方法下的融资约束指数。为了判别两个指数的优劣，又采用错判矩阵的检验方法，选取最优的指数参与回归，辅于另外一个融资约束指数进行稳健性检验。鉴于影响技术资本投资的因素较多，只选取融资约束作为自变量可能会存在遗漏变量或互为因果的内生性问题，所以在具体的方法选择上，本节选用系统 GMM 解决融资约束与技术资本投资之间的模型存在的内生性问题。

5.1.1 理论分析与研究假设

经典的融资约束理论认为，融资约束产生的主要原因在于资本市场存在不完备现象（屈文洲、谢雅璐等，2011）[157]。由于市场有效性缺失，微观企业普遍存在信息不对称现象，信息不对称也会引发第一类和第二类代理问题，股东和债权人由于信息不对称的存在，未来减少风险，可能会减少融资供给或加大债务约束条件，使得微观企业成本升高，导致资金缺乏，从而减少投资。

技术资本投资不同于普通投资行为，具有与普通投资的一些特征，也具有区别于一般性投资的特点。由于技术资本投资具有风险大、不确定性高、沉淀成本高、收益期限长、可抵押性低、竞争程度高、信息不对称性高等特点，管理层进行决策时可能面临更高的信息不对称和代理成本。当企业面临融资约束时，资金供给方可能由于不能获得相对确切的收益或风险信息，从而要求提高债务成本或不提供资金供给，使得企业融资约束状况更为严重，进而导致技术资本投资进一步减少。由于我国企业产权性质的特殊性，政府在其中所起的作用和信贷配给的控制权均较为明显（韩东平，2015）[158]。具体表现在信贷配给时，金融机构对国有性质的主体的资金供给时更有趋向性，且资金成本更低和更为明显的预算软约束。从我国的国情和相关研究可以发现，地方 GDP 的增长、社会效应的考虑和多元化目标，国有性质的企业在资金缺乏时，政府一般均会对其提供良好的资金支出。技术资本的投资可以增加企业的核心竞争力，也是我国目前经济"新常态"下，供给侧结构性改革和新旧动能转换的政策能否顺利实施的关键和体现，所以当企业在配置技术资本时，国有企业一般均能获得政府的支持，融资约束对其抑制作用会被削弱。相反，非国有企业没有背负更多的政策性目标，在面临融资约束时，出于投资者和金融机构的风险控制和逐利本性，资金供给方，特别是银行等金融机构支持力度下降，从而使得本已经存在融资约束的企业，资金缺乏状况更为雪上加霜，从而降低企业的技术资本投资支出。

假设 5 - 1：融资约束的存在会显著减少微观企业的技术资本投资支出。

假设 5 - 1a：由于国有企业在信贷方面的天然优势，融资约束对国有企业技术资本投资的抑制作用不明显。

假设 5 - 1b：非国有企业获取资金支持时，由于信息不对称程度较高，融资约束的存在会使得微观企业减少技术资本投资支出。

衡量企业投资是否存在融资约束，国内外学者做了大量的研究，主要是通过投资—现金流敏感性的方法，主要的观点有：（1）通过研究 R&D 投入与现金流之间的关系，发现企业进行 R&D 投资普遍存在融资约束。即 R&D 投入与内部现金流显著正相关（Petersen and Himmelberg，1994）[159]。（2）FHP（1988）认为企业存在融资约束时引发企业投资不足的主要原因，具体而言是采用单因素法来衡量融资约束程度，也发现股利分配率与现金流之间显著正相关[61]。（3）KZ 在前人的研究基础上，通过选取或构造与前人不同的变量，得出与 FHP（1988）、埃特森和辛梅尔伯格（Petersen and Himmelberg，1994）相反的观点[63]。国内相关学者借鉴和改进上述西方学者的研究方法基础上，利用中国的数据也得出大量的结论（汪强、林晨等，2008[160]；屈文洲、谢雅璐等，2011[157]）。经典投资理论认为，在完美资本市场环境下投资支出只与资本和要素价格等方面因素有关，融资成本等交易费用与其无关。但现实环境中，不存在严格意义上的完美市场。在进行投资时，所需资金来源顺序，相关学者也做了大量的研究，西方学者得到的结论主要是满足"融资优序理论"的观点，而我国的金融市场环境和制度安排得到的结论与"优序融资理论"的结论有所区别。当市场不完善程度较高时，代理问题和信息不对称程度也会越高，加之我国的金融体系与日本、德国等国家类似，更加依赖于银行等进行融资，而美国等主要依赖于证券市场融资，所以微观企业出现融资约束时，可能更为依赖于外部债权融资，而非股权融资。关于技术资本投资存在融资约束，所需资金来源的顺序的相关研究较少。周红根、罗福凯等（2015）[20]选取我国制造业上市公司的技术资本数据，得到制造业技术资本配置存在融资约束，与内部现金流显著正相关，其得到技术资本投资进行外部融资的顺序。如上所述，技术资本投资具有与一般性投资相区别的特征，信息不对称程度更高，风险和不确定性更高，而债权融资时，银行与企业进行条款商议或提供贷款时，可以得到更多的针对性信息，而证券市场提供的信息本质上属于公共产品的性质，所以对技术资本投资银行获得的信息可能更完备。

假设 5-2：技术资本投资存在融资约束现象，内部现金流越大，技术资本投资支出越高。

假设 5 - 3：技术资本投资需要外部资金时，更依赖于外部债权融资额。

5.1.2　样本、数据与研究设计

1. 样本选择与数据来源

从本书第 4 章的结果发现沪深两市对外详细披露技术资本相关数据的行业主要是信息技术和制造业，占所有行业的 80%，其他行业详细披露的相对较少。因此，本部分及后续章节的研究均以制造业和信息技术业为样本（后同）。剔除被 ST、数据缺失的样本。其中，为了分区域进行分析研究，将样本划分为四大区域，东部地区包括北京市、福建省、广东省、海南省、河北省、江苏省、山东省、上海市、天津市、浙江省；中部地区包括安徽省、河南省、湖北省、湖南省、江西省、山西省；西部地区包括甘肃省、广西壮族自治区、贵州省、内蒙古自治区、宁夏、青海省、陕西省、四川省、西藏、新疆、云南省、重庆市；东北地区包括黑龙江省、吉林省、辽宁省（后同）。技术资本数据与其他数据均来自国泰安数据库。

2. 融资约束指数的计量

关于融资约束指数的衡量，学术界已经做了大量的研究，有采用单变量度量和多变量构建指数的方法。对于单变量，如利息保障倍数来衡量融资约束程度，可能存在衡量不当的缺点，而采用多元财务指标构建指数的方法能够避免此类缺点。本部分借鉴况学文等（2010）构建融资约束指数的方法和计量模型[69]。具体做法是，利用二元离散 Logistci 和多元判别模型，第一步分别选取利息保障倍数和规模大小对样本进行预分为 3 组，选取两组指标的前 1/3 和后 1/3 作为初步的融资约束程度低组和融资约束程度高组，最后将分组的交叉作为最终的融资约束高和低组。

为此，我们进行相应的模型构建（见表 5 - 1）。

表 5 - 1　　　　　　　　　融资约束指数构建的变量定义及结果

变量	Variable	说明	二元 Logistic	多元判别
财务冗余	SLACK	（货币资金 + 0.5 × 存货净额 + 交易性金融资产 - 短期借款 + 0.7 × 应收账款净额）/期末固定资产净值	- 0.000013 ** (- 2.40)	2.69e - 06
净资产收益率	ROE	净利润/平均净资产	- 7.37 *** (- 11.42)	- 2.517
资产负债率	LEV	总负债/总资产	- 8.704 ** (- 19.40)	- 2.940
股利支付率	DIV	每股股利/每股收益	- 0.049 * (- 1.79)	- 0.1275
常数项	CONS	—	4.098 *** (18.87)	1.288

注：*** 、** 和 * 分别表示在 1%、5% 和 10% 的显著性水平下显著。

设因变量为二元离散变量 $Y = \begin{cases} 0, & \text{低融资约束组} \\ 1, & \text{高融资约束组} \end{cases}$，构建二元 Logistic 模型，在此基础上形成指数。

$$FC = LN \frac{P(Y = 1)}{P(Y = 0)} = \beta_0 + \beta_1 ROE_{i,t} + \beta_2 SLACK_{i,t} + \beta_3 LEV_{i,t} + \beta_4 DIV_{i,t} + \varepsilon_{i,t}$$

$$(5 - 1)$$

为了检验二元 Logistics 和多元判别法所构建的融资约束指数的正确率，我们通过错判矩阵来对两种方法构建的指数进行交互检验。从交互检验的错判矩阵结果（见表 5 - 2）看出，二元 Logistics 模型得到的指数总体判别正确率为 85.10%，而费雪尔多元判别得到的总体判别正确率为 81.89%。二者差别虽然不大，但是总体而言，二元 Logistics 得到的结果正确率更高。

表 5 - 2　　　　　　　　错判交互检验矩阵

	离散 Logistic 回归模型			Fisher 多元判别模型		
	低	高	正确率（％）	低	高	正确率（％）
低	537	86	86.19	518	105	83.15
高	156	819	84	189	786	80.62
总体判别正确率（％）	85.10			81.89		

3. 模型设计

（1）融资约束与技术资本投资的关系模型。参照周红根、罗福凯等（2015）关于融资约束对技术资本配置的影响模型，通过二元 Logistic 回归构造融资约束指数，以多元判别法作为稳健性检验，构造如下关于融资约束与技术资本投资的关系的系统 GMM 模型：

$$TC_{i,t} = TC_{i,t-1} + FCI_{i,t} + CR1_{i,t} + SIZE_{i,t} + S_{i,t} + ROA_{i,t} + DIV_{i,t} + \varepsilon_{i,t}$$

$$(5 - 2)$$

其中，$TC_{i,t}$ 代表公司当年技术资本投入，由当前年度技术资本存量减去上一年度技术资本存量除以期末无形资产净额得到，$TC_{i,t-1}$ 为因变量 $TC_{i,t}$ 的滞后 1 期。$FCI_{i,t}$ 为两种方法构建的融资约束指数。$CR1_{i,t}$ 为第一大股东持股比例。$SIZE_{i,t}$ 为企业规模，用期末总资产的自然对数衡量。$S_{i,t}$ 为营业收入增长率。$ROA_{i,t}$ 为总资产净利率。$DIV_{i,t}$ 为股利分配率。

（2）技术资本投资存在融资约束的检验。为了检验我国上市公司技术资本投资是否存在融资约束和对融资方式来源的关系，本部分借鉴法扎里等（Fazzari et al.，1988）[61] 的检验方法，在模型中加入外部债权融资额和外部股权融资额，具体模型构建如下：

$$TC_{i,t} = \beta_0 + \beta_1 CF_{i,t} + \beta_2 DEBT_{i,t} + \beta_3 EQU_{i,t} + \beta_4 S_{i,t}$$
$$+ \beta_5 Size_{i,t} + \beta_6 Lev_{i,t} + \varepsilon_{i,t} \qquad (5 - 3)$$

其中，$TC_{i,t}$、$Size_{i,t}$ 与模型（5 - 1）含义相同，$CF_{i,t}$ 表示企业当期经

营活动现金流量净额除以期末总资产；$DEBT_{i,t}$ 表示债务融资，由本期末负债总额减去上期末负债总额后除以期末总资产；$EQUI_{i,t}$ 代表外部股权融资，由当期末股本加资本公积之和减去上期股本加资本公积之和后除以期末总资产；$Lev_{i,t}$ 表示资产负债率，用期末负债总额与期末资产总额之比表示。

4. 主要变量的描述性统计

主要变量描述性统计表如表 5 – 3 所示。

表 5 – 3 主要变量描述性统计

变量	均值	最大值	最小值	标准差
TC_{it}	0.049	0.460	– 0.169	0.144
$SIZE_{it}$	21.61	26.75	17.76	1.13
$FCI1_{it}$	0.50	1.0000	0.0000	0.31
$FCI2_{it}$	0.52	1.0000	$1.02e – 22$	0.15
$CR1_{it}$	34.72	88.55	3.62	14.64
S_{it}	0.49	151.46	– 17.29	3.82
ROA_{it}	0.04	0.40	– 1.22	0.06
DIV_{it}	0.29	46.36	– 17.43	0.99
CF_{it}	0.045	1.74	– 0.86	0.101
$DEBT_{it}$	0.06	0.92	– 5.65	0.20
EQU_{it}	0.04	0.88	– 0.83	0.11
LEV_{it}	0.41	1.65	0.01	0.21

注：技术资本数据在 Ellen 和 Edward（2009，2010）和罗福凯（2014）的研究基础上，界定为技术诀窍、专利技术、非专利技术、商标、信息系统平台、软件、控制系统、技术使用权、研发机构、许可转让费、软件使用权等从报表附注中逐项手工收集得到。

5.1.3 实证结果与分析

1. 全样本、分区域和股权性质的技术资本投资是否受到融资约束影响的检验

从表 5 - 4 的检验结果可以发现，通过二元 Logistics 构建的融资约束指数与技术资本投资显著负相关。同时也发现在多元判别法构建的融资约束指数与技术资本投资之间的系数也先显著为负。这表明在全样本下，融资约束程度越高，微观企业技术资本投资水平越低。上面提到的假设5 - 1 通过了检验。鉴于我国企业股权性质的特殊性，在对样本按照国有和非国有进行分组后进行检验，发现国有企业无论是二元 Logistics 还是多元判别法下，融资约束对技术资本投资没有显著影响，而对非国有企业的影响均在 1% 的水平下通过了检验。这表明融资约束的存在对非国有企业的技术资本投资有负向影响，而对国有企业没有显著影响。

表 5 - 4　　系统 GMM 下融资约束影响技术资本投资的结果

变量	全样本		国有		非国有	
	二元 Logistic	多元判别	二元 Logistic	多元判别	二元 Logistic	多元判别
TC_{it}	- 0. 06 *** (- 1402. 5)	- 0. 062 *** (- 1057. 22)	0. 004 (1. 50)	0. 004 (1. 54)	- 0. 065 *** (- 612. 24)	- 0. 064 *** (- 538. 20)
$FCI1_{it}$	- 5. 34 ** (- 2. 16)		- 0. 32 (- 1. 01)		- 16. 61 *** (- 3. 02)	
$FCI2_{it}$		- 37. 51 *** (- 4. 81)		0. 49 (0. 76)		- 110. 35 *** (- 8. 00)
$CR1_{it}$	- 0. 19 ** (- 2. 18)	0. 19 * (1. 81)	- 0. 01 (- 0. 80)	- 0. 01 (- 1. 02)	- 0. 2 (- 1. 28)	0. 43 ** (2. 20)

续表

变量	全样本		国有		非国有	
	二元 Logistic	多元判别	二元 Logistic	多元判别	二元 Logistic	多元判别
$SIZE_{it}$	4.98 *** (7.08)	6.59 *** (8.59)	1.16 *** (9.74)	1.14 *** (9.34)	17.05 *** (10.82)	22.81 *** (14.51)
S_{it}	−0.55 (−0.76)	−0.14 (−0.20)	0.02 (0.23)	0.02 (0.18)	1.01 (0.45)	3.17 (1.35)
ROA_{it}	3.53 (0.33)	60.25 *** (4.21)	−3.34 *** (−2.95)	−3.44 *** (−2.85)	38.89 ** (1.96)	159.73 *** (7.99)
DIV_{it}	−0.28 (−1.02)	0.74 ** (1.97)	0.003 (0.30)	−0.0001 (−0.01)	−1.98 (−1.46)	2.10 (1.43)
CONS	−137.178 *** (−9.04)	−163.192 *** (−11.20)	−25.862 *** (−10.07)	−25.777 *** (−9.90)	−388.915 *** (−11.46)	−495.126 *** (−17.11)
year	控制	控制	控制	控制	控制	控制
ind	控制	控制	控制	控制	控制	控制
AR (1)	0.031	0.035	0.039	0.075	0.042	0.056
AR (2)	0.423	0.153	0.339	0.025	0.520	0.268
Sargan	0.501	0.493	0.620	0.535	0.376	0.564

注：AR（1）、AR（2）和 Sargan 的 P 值均较为合理，说明构建的模型动态自回归相对合理的，工具变量有效，*** 、** 和 * 分别表示在 1%，5% 和 10% 的显著性水平下显著。

　　究其原因，在于技术资本投资也是投资的一种特殊形式，投资很大程度上依赖于企业的资金量。当企业资金缺乏时，也即面临融资约束时，企业会减少技术资本的投资水平。虽然技术资本投资可以增加未来企业的核心竞争力，特别是在当前经济新常态、供给侧结构性改革和新旧动能转换的形势下，企业可能会因为技术创新等方面的要求，在公司治理水平较高时，企业管理层可能会在面临融资约束时增加技术资本投资的数额，但是融资约束的影响程度更大。如上所述，不同股权性质的公司具有不同的融资优势。国有企业可能需要面临更多的政策性负担，比如地方 GDP 的增长、社会效应和目标多元等，可能出现预算软约束，银行等金融机构对其不具有"信贷歧视"，此时在国有企业中，融资约束对技术资本投资的负向影响不明显。而民营企业由于其天然的信贷劣势，也不需要承担政府的一些政策性负担，财政优惠政策也较小。所以当企业技术资本投资面临融资约束时，很难迅速及时地获得金融机构的资金支持，所以在民营企业中，当企业面临融资约束时，企业很可能会减少风险大、不确定性高、沉淀成本高和信息不对称程度高的技术资本投资项目。

长期以来，我国区域经济发展不均衡，各区域的经济发展状况不一，基础设施和制度建设的水平也有很大差异，这导致各区域的金融体系的健全状况也有所不同。加之从技术资本分布状况可以看出，上市公司主要分布在东部地区、其他区域的上市公司数量较少。因此有必要按照最新的四大域划分法检验各区域二者之间的关系或影响程度。

从表 5 - 5 我们看出，在对总体样本按区域进行分组后发现，东部地区无论是二元 Logistics 还是多元判别法下，融资约束对技术资本投资均无显著影响。中部地区在二元 Logistics 构建的融资约束指数下，与技术资本投资显著负相关，而在多元判别法下负相关，但是没有通过显著性检验。西部地区和东北地区在二元 Logistics 和多元判别法下，融资约束程度越高，技术资本投资支出越少，即融资约束和技术资本投资二者显著负相关。

表 5 - 5　　　　　　　　分区域融资约束与技术资本投资检验结果

变量	东部		中部		西部		东北	
	二元 Logistic	多元判别	二元 Logistic	多元判别	二元 Logistic	多元判别	二元 Logistic	多元判别
TC_{it}	-0.15 *** (-341)	-0.2 *** (-339)	-0.06 *** (-450.93)	-0.1 *** (-152)	-0.11 *** (-14.2)	-0.114 *** (-13.8)	-0.00 *** (-14)	-0.00 *** (-4.38)

续表

变量	东部		中部		西部		东北	
	二元 Logistic	多元判别	二元 Logistic	多元判别	二元 Logistic	多元判别	二元 Logistic	多元判别
$FCI1_{it}$	1.21 (1.6)		-10.7 *** (-12.33)		-62.0 *** (-2.99)		-0.08 *** (-2.6)	
$FCI2_{it}$		-2.630 (-1.53)		-45.54 (-0.62)		-168.4 *** (-4.03)		-0.16 *** (-2.73)
$CR1_{it}$	-0.09 (-1.51)	-0.010 * (-1.71)	1.37 ** (2.45)	0.06 (0.28)	2.78 *** (8.75)	2.92 *** (8.89)	-0.001 (-0.60)	-0.00 (-0.61)
$SIZE_{it}$	0.07 (0.46)	0.09 (0.55)	-104.3 *** (-16.11)	-59.15 *** (-6.54)	175.97 *** (16.40)	177.71 *** (16.16)	-0.08 *** (-8.6)	-0.05 *** (-3.76)
Sit	0.42 (1.25)	0.34 (1.00)	5.47 *** (4.75)	4.35 *** (4.58)	-5.57 (-1.06)	-5.68 (-1.08)	0.002 (0.60)	0.004 ** (2.06)
ROA_{it}	-2.8 (-0.5)	-3.90 (-0.73)	33.87 (0.35)	66.19 (0.34)	-100.36 (-1.08)	-36.82 (-0.40)	0.18 (1.21)	0.22 (1.49)
DIV_{it}	-0.04 (-0.3)	-0.03 (-0.23)	-22.81 ** (-2.24)	-1.82 (-0.19)	0.91 (1.61)	2.56 *** (3.03)	-0.01 (-1.4)	-0.01 (-1.93)
year	控制	控制	控制	控制	控制	控制	控制	控制
ind	控制	控制	控制	控制	控制	控制	控制	控制
AR (1)	0.033	0.303	0.045	0.050	0.022	0.057	0.036	0.049
AR (2)	0.452	0.103	0.410	0.366	0.353	0.551	0.672	0.482
Sargan	0.503	0.671	0.385	0.430	0.325	0.532	0.433	0.322

注：AR（1）、AR（2）和 Sargan 的 P 值均较为合理，说明构建的模型动态自回归相对合理的，工具变量有效，***、** 和 * 分别表示在 1%，5% 和 10% 的显著性水平下显著。

　　得到上述结果的原因，本章认为，东部地区经济发达，政府对经济的参与程度较低。上市公司较多,金融体系较为发达。当缺乏资金时,公司能够通过发达的金融市场,以较低的融资成本获得资金支持。同时东部地区创新环境相比较而言更佳,公司治理机制较为健全,当企业面临融资约束时,公司管理层可能鉴于提高未来核心竞争力,还会增加企业的技术资本投资水平和力度。相反,东北地区、中部地区和西部地区的行政力量较强,经济发展水平较低,相关制度也较为薄弱,当企业面临融资约束时,外部资金供给方可能更多地关注投资项目的风险能力,从而出现技术资本投资与融资约束程度负相关的结论。

2. 融资来源和技术资本投资

根据模型（5-3）,我们得到了表5-6全样本的检验结果。表5-6分别给出了 OLS、FE 和广义系统 GMM 下的检验结果。参照邦德等（2001）的解释,广义系统矩估计的结果是否可靠,其估计系数大小应该介于 OLS 和 FE 模型的系数之间。从表5-6我们看出,普通 OLS 的系数介于 FE 和广义系统 GMM 的回归系数之间,说明系统广义矩估计的结果更为可靠。下面我们就广义系统矩估计的结果对其进行解释。

表5-6 融资来源与技术资本投资的结果

变量	普通最小二乘法		固定效应模型		系统广义矩估计	
$TC_{i,t-1}$	0. 118 ***	6. 93	− 0. 306 ***	− 14. 50	− 0. 059 ***	− 207. 29
$CF_{i,t}$	− 6. 049	− 0. 25	34. 79	1. 08	19. 687 **	2. 04
$EQUI_{i,t}$	− 71. 34 ***	− 2. 87	− 60. 75 **	− 2. 02	− 14. 264 *	− 1. 73
$DEBT_{i,t}$	73. 599 ***	6. 74	50. 658 ***	3. 85	41. 976 ***	8. 01
$SIZE_{i,t}$	1. 228	0. 50	− 14. 932 **	− 1. 97	− 22. 33 ***	− 22. 44
$S_{i,t}$	0. 037	0. 05	0. 733	0. 25	0. 691	1. 22
$LEV_{i,t}$	− 24. 19	− 1. 78	− 50. 77	− 1. 19	− 19. 32 *	− 1. 74
CONS	− 17. 59	− 0. 35	346. 39 ***	2. 12	492. 63 ***	22. 38

续表

变量	普通最小二乘法	固定效应模型	系统广义矩估计
R－SQ	0.0331	0.1081	—
F值	15.71***	35.51***	—
AR（1）	—	—	0.043
AR（2）	—	—	0.372
Sargan	—	—	0.658

注：AR（1）、AR（2）和 Sargan 的 P 值均较为合理，说明构建的模型动态自回归相对合理的，工具变量有效，*** 、** 和 * 分别表示在1%，5%和10%的显著性水平下显著。

参考法扎里等（1988）的研究方法，企业投资是否存在融资约束，主要是看投资是否具有现金流敏感性，也即投资是否与内部现金流显著正相关。从表5-6我们发现，在广义系统矩估计下，CF 与技术资本投资回归系数为19.687，且通过了1%的显著性检验。这表明我国上市公司技术资本投资很大程度上以来 CF 的高低，普遍存在融资约束现象。

我们进一步通过表5-6发现，广义系统 GMM 下，债权融资与技术资本投资显著正相关，而外部股权投资额与技术资本投资显著负相关。假设5-3得到验证。究其原因，在于我国金融市场不同于美国的金融体系，我国金融体系主要是以银行为主体的体系，证券市场还不是很完善，所以当企业技术资本投资缺乏资金存在融资约束时，主要依赖于银行等债权人市场提供资金支持。

同理，鉴于我国区域经济发展不均衡和产权性质的特殊性，技术资本投资与融资来源方式选择可能在不同的区域和不同的产权性质企业中有所不同，所以下面我们将样本按照产权性质和区域分组进行回归，回归结果如表5-7所示。

表 5 - 7 融资来源与技术资本投资的分组结果

变量	国有	非国有	东部地区	西部地区	中部地区	东北地区
$TC_{i,t-1}$	0.022 *** (10.77)	− 0.062 *** (− 313.02)	0.156 *** (335.91)	0.020 *** (3.88)	− 0.06 *** (− 103.43)	− 0.00003 *** (− 4.67)
$CF_{i,t}$	− 2.12 *** (− 10.90)	50.89 *** (3.60)	− 2.71 *** (− 3.62)	7.86 *** (3.30)	203.25 *** (6.25)	− 0.044 (− 0.91)
$EQU_{i,t}$	3.67 *** (5.24)	− 71.24 *** (− 6.76)	2.70 *** (3.94)	− 184.84 *** (− 9.17)	− 62.5 *** (− 3.00)	− 0.105 (− 1.22)
$DEBT_{i,t}$	− 0.0779 (− 0.62)	147.49 *** (39.74)	0.617 (1.20)	326.36 *** (13.09)	48.88 *** (4.25)	0.010 (0.78)
$Size_{i,t}$	0.50 *** (6.35)	− 37.27 *** (− 25.27)	− 2.94 *** (− 28.18)	− 18.40 *** (− 2.75)	− 97.80 *** (− 19.13)	− 0.063 *** (− 6.23)
$S_{i,t}$	− 0.20 * (− 1.89)	7.55 *** (3.03)	0.051 (0.17)	− 8.52 (− 1.03)	5.44 *** (7.55)	− 0.0002 (− 0.12)
$Lev_{i,t}$	5.35 *** (7.76)	− 175.01 *** (− 16.49)	1.78 * (1.90)	− 432.12 *** (− 24.14)	− 72.04 * (− 1.83)	0.12 *** (3.24)
常数项	− 13.71 *** (− 9.14)	855.9 *** (26.86)	63.16 *** (25.89)	585.06 *** (4.26)	2140.79 *** (15.96)	1.36 ** (5.81)
AR（1）	0.035	0.028	0.042	0.032	0.052	0.538
AR（2）	0.376	0.712	0.433	0.708	0.316	0.773
Sargan 检验	0.520	0.822	0.751	0.212	0.791	0.000

注：AR（1）、AR（2）和 Sargan 的 P 值均较为合理，说明构建的模型动态自回归相对合理的，工具变量有效，*** 、** 和 * 分别表示在 1%，5% 和 10% 的显著性水平下显著。

从表 5 - 7 发现，国有性质的企业进行技术资本投资时，技术资本投资额与 CF 显著负相关，按照上面的解释，表明国有企业技术资本投资不存在融资约束。而民营企业样本中，结果是 CF 与技术资本投资额显著正相关，表明民营企业技术资本投资存在融资约束现象。在外部融资方面，国有企业更为依赖股权融资，而民营企业更为依赖债权融资。究其原因可能在于股权融资的特点不需要固定的还本付息，也不会出现股权稀释导致的控制权转移问题，所以股权融资的成本更低。同时国有企业具有融资方面的天然优势，在资金缺乏时能够较为顺利地选择融资渠道。相反，民营企业可能更为依赖债权融资。

进一步，我们将样本按区域进行分组，检验结果如表5-7所示。发现东部地区的结果与国有企业的检验结果一致。其原因可能也在于东部地区经济发达，金融市场发达，上市公司数量较多，企业在进行技术资本投资时不存在融资约束。在资金缺乏时，企业可以通过上市公司再融资的手段增加资金供给，所以表现为技术资本投资时更为依赖外部股权融资，而非债权融资。中部地区和西部地区结果和非国有企业的结果一致，技术资本投资存在融资约束，在资金缺乏时，外部融资首选外部债权融资。这说明中西部地区技术资本投资普遍存在较为严重的融资约束现象，也和中西部地区经济发展缓慢，市场不发达和相应的制度缺乏有关，当需要外部融资进行技术资本投资时，更多地依赖于向银行等债权人借款获得资金支持。东北地区结果 CF、DEBT 和 EQUI 系数均不显著，可能与东北地区样本量较少有关，其融资方式与技术资本投资的关系有待进一步分析。同时，从表5-7我们还发现，企业规模的大小与技术资本投资的关系在不同的产权性质和区域中有明显差异。具体表现在国有企业中，企业规模越大，技术资本投资越多，而非国有企业、东部地区、西部地区、中部地区和东北地区二者关系相反。

5.1.4 本节小结

本节在前面分析的基础上，利用离散 logistics 和多元判别法构造融资约束指数，并通过错判矩阵的检验，得到二元 logistics 的结果更为可靠。通过 2008~2014 年制造业和信息技术业上市公司的技术资本相关数据，利用广义系统矩估计的方法分析融资约束如何影响技术资本投资的关系，一定程度上解决了模型所产生的内生性问题。在此基础上，进一步利用系统 GMM 分析融资方式对技术资本投资的影响，得到下面几点结论。

（1）总体而言，融资约束的存在会使得企业技术资本投资支出减少。鉴于我国企业产权性质的特殊性和区域经济发展不均衡，国有性质的企业融资约束程度对技术资本投资无显著影响，而民营企业融资约束的存在会明显减少微观企业技术资本投资支出。东部地区的企业融资约束与技术资本投资之间不显著，但是中部地区、西部地区和东北地区融资约束程度越高，技术资本投资支出越少。

（2）企业技术资本投资存在融资约束现象。就样本总体而言，技术资本投资与内部现金流（CF）显著正相关，也即存在技术资本投资现金流敏感性，说明样本整体存在融资约束现象。同时还发现民营企业、西部地区、中部地区微观企业进行技术资本投资时均存在融资约束现象，技术资本投资与 CF 显著正相关，而国有和东北地区的样本结果表明技术资本投资不存在融资约束现象。

（3）就样本整体，外部融资时，技术资本投资更加依赖外部债权融资，而非股权融资额。同样，在对样本按股权性质和区域分组后发现，民营企业、中部地区和西部地区技术资本投资也和全样本的结果一致，即趋向于债权融资，而非外部股权融资。但是东部地区和国有企业与之相反，在进行技术资本投资时，更加趋向于外部股权融资。

5.2　融资约束与技术资本投资效率的实证研究

对于融资约束与技术资本投资的研究，少量学者从公司治理、代理冲突和环境不确定性等视角，对融资约束与技术资本投资相互关系进行过研究。但是，技术资本投资效率会因为融资约束受到抑制吗？如果受到抑制，那么因受抑制而损失的技术资本投资效率是多少？在不同产权性质和区域下，各种融资方式对融资约束及其未来不确定性有何影响？技术资本投资效率是否随着制度的不断改变而不断提高，还是降低，以及各种融资方式对融资约束及其未来不确定性的影响程度。这些问题是非常重要的问题，亟待公司财务理论给出解释，本节将利用异质性随机前沿模型，测算融资约束引发的技术资本效率损失。

5.2.1 理论分析和研究假设

融资约束与技术效率之间关系的研究，学界主要有两种观点：一是"融资约束抑制论"，其支持者认为，管理方法的改变和技术有效利用，需要企业管理创新和技术创新，但创新活动需要投入要素资源，特别是货币资本的支持（夏良科，2010）[161]，资金资源约束对技术效率的提高有阻碍作用，降低了应对外部环境的灵活性，削弱了生产调整能力，最终降低了技术效率（解维敏和方红星，2011）[162]。二是"融资约束促进论"，其支持者认为，管理层担心公司陷入困境，影响其未来的职业生涯，有动机去改善生产，在存在融资约束情况下，通过外部资本与信贷约束施加影响，将有限资金投入到最适合的地方，借此促进技术效率的提高（陈海强等，2015）[163]。FHP利用投资—现金流敏感性分析，得出企业投资支出对其内部现金流量非常敏感，企业融资约束的存在会导致投资不足的非效率[61]。何金耿和丁加华（2001）认为，投资现金流量敏感性主要源于代理问题所引致的过度投资[164]；连玉君和程建（2007）认为，投资—现金流量敏感性是融资约束和代理问题共同作用的结果[165]。显然，融资约束与投资问题的关联已开始被人们关注。

技术资本投资决策的选择，不仅受到技术资本配置水平及其收益率的制约，也会受到宏微观环境不确定性的影响。微观环境的不确定性取决于融资约束程度，环境不确定性越高，技术投资效率越低，其具体表现是：国有企业投资过度、非国有企业投资不足（李欣先、周红根，2016）[50]。外部宏观环境不确定性影响管理层识别更好的技术项目，也会由于代理问题的存在，管理层利用资金追逐内部控制权私有收益，在选择技术项目时比较谨慎，导致技术资本非效率投资。当面临微观环境不确定时，融资约束程度较低，充裕的现金流可能会对企业管理层选择技术项目提供资金支持，技术资本投资也可能表现为过度投资。反之，技术资本投资因管理层缺乏资金支持且担心决策失败影响职业生涯而表现为投资不足。技术资本非效率投资，还可能因代理冲突而存在，公司过多的现金流将可能导致过度投资与职务消费（Jensen，1986）[11]。因此，孙菁、周红根等（2016）通过构建面板数据进行分析，发现我国上市公司确实存在技术资本配置非效率，其原因正是融资约束引发的技术资本配置不足[19]。技术投资属于长期投资项目，具有风险大、收益高、可持续时间长和收益不确定等特点，大多数公司均未设置长期绩效考核指标对管理层进行考评。如果从自利行为和博弈论视角出发，则管理层更愿意投资一些短期项目。基于上述分析，提出研究假设 5 - 4。

假设 5 - 4：融资约束会在一定程度上抑制技术资本投资效率，使技术资本投资支出低于最优水平。

近年来，我国政府一直在引导和鼓励技术创新，技术创新需要相应的硬件和软件来支持，最终通过专利等形式来体现。在当前大数据、互联网和移动智能等为代表的共享经济下，研发支出占 GDP 的比重逐渐从 1998 年的 0.69% 提高到 2011 年的 1.83%（鞠晓生，2013）。研发支出的持续投入为技术资本不断积累创造了条件。从本书第 4 章可以发现，披露技术资本相关数据的上市公司数量从 2008 年的 585 家，增加到了 2014 年的 1840 家。这表明，无论因代理监督成本最小化、信号理论和订立私人契约的自愿披露，还是因市场失灵和社会目标的强制披露要求，技术资本在财务报表中的披露越来越受到公司管理层的重视。

与此同时，我国政府的服务意识不断提高，税收、金融和产业指导等方面的优惠政策引导企业勇于技术创新，政府财政科技补贴和科技创新专项资金的支持，也营造出技术研发、技术交易的多种形式及其产权安排，让技术转化为技术资本。允许技术形成资本后，可以抵押、质押、补偿贸易等各种方式的技术资本交易，从而为企业创造一个积极完善的技术资本市场。企业股东和管理层也越来越意识到技术创新和技术进步是立身之本，通过股权激励和收益安排激励公司管理层的目标与企业目标统一起来，使得管理层对技术资本投资的意愿有较大提高。如何消化去除低端技术和产品占整个 GDP 的比重，并向高端技术和产品占比较高的经济"新常态"转变，急需将"需求管理"向"供给管理"转变的轨道上来，即供给侧改革。供给侧改革给政府和企业营造了一个良好的技术创新环境，也给企业的技术资本投资效率的提高带来了机遇。基于此，提出如下假设。

假设 5 - 5：技术资本投资效率逐年提高，技术资本配置比重逐年趋向均衡。

梅耶斯和麦吉勒夫的"融资优序理论"（1984）认为，企业存在信息不对称等因素时，外部股东将会要求弥补风险升水而要求更高的利率水平[57]。当公司需要资金需求时，首选内部资金；其次是债权融资；最后考虑股权融资。由于内部资金不需要更高的利率或投资回报，内部现金流越多，企业可利用的资金越多，对企业融资约束程度的缓解效果越明显。特别对于技术投资而言，由于其风险大、收益期长且收益不确定等特点，公司内部现金流越多对融资约束的缓解程度越高。当企业未来需要再融资时，当期保留的内部现金流直接影响到企业未来的融资约束大小。未来留存的内部现金就越多，减低未来企业融资约束的程度可能就越大。内部现金流不仅可缓解公司目前融资约束程度，还能降低企业未来后续融资约束的不确定性。对于外部融资，不论是股权还是债权融资，外部融资额越大，融资约束程度越低，从而越能缓解企业融资约束水平。由于未来盈利的不确定性和当前的高负债率，外部融资可能会导致未来上市公司达不到证监会增发配股的要求或发生"债务悬置效应"，使得其未来融资能力充满不确定性，从而加剧未来融资约束的不确定性。基于此，提出如下假设。

假设 5 - 6：内部现金流具有缓解融资约束的作用，并可降低后续融资的不确定性。

假设 5 - 7：股权融资和债权融资均能缓解融资约束，二者均会显著加剧未来融资约束的不确定性。

在研究融资约束的影响因素时，最初的学者采用股利支付率来间接反映企业面临的融资约束程度（Fazzari et al.，1998）[61]。之后部分学者采用公司规模大小作为企业融资约束的代理变量，认为公司规模的大小会影响企业信息不对称程度和代理成本。在不同的企业发展阶段，企业规模的大小会影响银行信贷的比例和信用融资的大小，企业规模越大，金融信贷也会越大，此时商业信用供给也随之扩大（王明虎等，2013）[167]，此时融资约束程度得到缓解。小规模企业治理机制不完善，缺乏抵押品，也难以满足银行信贷的基本要求。同时随着企业规模的不断增加，从证券市场进行再融资和通过债券市场发行债券的可能性也随之增大。加之我国的政治和经济体制，出于社会稳定和就业率的保护，规模越大的企业在面临破产风险时，来自银行和政府的资金支持力度可能相比较小规模企业要高，能够降低企业未来融资约束的不确定性，这在国有企业中表现得更为明显。所以本章提出如下假设：

假设 5 - 8：企业规模越大，融资约束和未来不确定性程度越高。

5.2.2　技术资本异质性随机前沿模型

1. 模型基本设定

在市场不存在无摩擦等完美假设情况下，公司的技术资本投资水平和程度取决于未来的投资机会 Q_{it}（Hayashi，1982）[168]，最优技术资本投资支出可以表示为：

$$TC_{it}^* = \beta_0 + (1/\alpha)Q_{it} + \nu_{it} \qquad (5-4)$$

其中，TC_{it} 为技术资本投资支出，（$1/\alpha$）为技术资本调整系数，Q_{it} 为企业投资机会，ν_{it} 为外部宏观经济环境等随机因素。但是鉴于目前我国资本市场不完善，可能导致公司外部融资时会受到融资约束影响。在引入融资约束变量后，企业的技术资本投资支出模型可以设定为：

$$TC_{it} = \beta_0 + (1/\alpha)Q_{it} - F(z_{it}) + \nu_{it} \qquad (5-5)$$

其中，由于融资约束可能受到企业内部现金流，外部债权和股权融资额等财务变量的影响，故将 $F(z_{ij})$ 设定为一系列企业财务特征的各种变量 z_{ij} 的非线性函数，反映企业存在的融资约束大小。

上述模型（5-4）和模型（5-5）分别反映了不存在约束和存在约束下的技术资本投资支出。二者间的关系为：

$$E[TC_{it} \mid Q'_{it}F(z_{it}) = 0] > E[TC_{it} \mid Q'_{it}F(z_{it}) > 0] \qquad (5-6)$$

可以发现在融资约束条件下，企业技术资本投资支出有所降低，其支出具有单边分布的特征。若假设 $F(z_{it}) = \mu_{it}$，则实际技术资本投资支出 TC_{it} 与最优技术资本投资支出 TC_{it}^* 之间存在下列关系：

$$TC_{it} = TC_{it}^* - \mu_{it} = \beta_0 + (1/\alpha)Q_{it} + \nu_{it} - \mu_{it} \qquad (5-7)$$

通过上述分析，模型（5-7）属于典型的异质性前沿模型，为了反映融资约束的数据特征和异质性的特点，将模型（5-7）做了如下改进：

$$TC_{it} = X'_{it}\beta + e_{it}; \quad e_{it} = \nu_{it} - \mu_{it} \qquad (5-8)$$

其中，β 为向量系数，$X'_{it} = (1'Q'_{it}d'_id'_t)$，$d_i$ 和 d_t 分别反映个体和时间效应的虚拟变量。ν_{it} 为随机干扰项，假设其服从相互独立的正态分布，即 $v_{it} \sim iid.\ N^+(0, \sigma_{it}^2)$。$\mu_{it}$ 则衡量融资约束的大小，即由于融资约束而发生的实际技术资本支出与最优技术资本支出的偏离程度，σ_{it}^2 表示这种偏离程度的不确定性，假设其服从非负的截断型半正态分布，即 $u_{it} \sim N^+(\omega'_{it}, \sigma_{it}^2)$。我们借鉴连玉君（2009）异质性设定方法，将异质性设定如下：

$$\omega_{it} = \exp(z_{it}\theta), \quad \sigma_{it}^2 = \exp(z_{it}\gamma) \qquad (5-9)$$

其中，z_{it} 为影响技术资本投资无效率的外部财务变量，包括企业内部现金流、外部股权融资额、外部债权融资额等；θ 和 γ 为未知参数。根据上述模型（5-8）和模型（5-9），构成技术资本投资的异质性随机前沿模型。通过该异质性模型可以定量分析因为融资约束而引发的非效率技术资本投资大小。

2. 检验策略与技术资本投资效率衡量模型

上述技术资本投资异质性随机前沿模型我们采用极大似然法估计，有模型（5-8）和模型（5-9）可以推导出对数似然函数为：

$$\begin{aligned} \ln L = &-0.5\ln(\sigma_v^2 + \sigma_{it}^2) + \ln[\phi(\nu_{it} - \mu_{it})/\sqrt{\sigma_v^2 + \sigma_{it}^2}] \\ &- \ln[\Phi(u_{it}/\sigma_{it})] + \ln[\Phi(\tilde{u}_{it}/\tilde{\sigma}_{it})] \end{aligned} \qquad (5-10)$$

其中，$\tilde{u}_{it} = [\sigma_\nu^2 u_{it} - \sigma_{it}^2 (\nu_{it} - \mu_{it})]/(\sigma_v^2 + \sigma_{it}^2)$，$\tilde{\sigma}_{it} = (\sigma_v^2 \sigma_{it}^2)/(\sigma_v^2 + \sigma_{it}^2)$，$\phi(\cdot)$ 和 $\Phi(\cdot)$ 分别为标准正态分布的密度函数和累积分布函数。

我们可以采用似然比来检验模型的设定是否正确。似然比统计量设定为 $LR = -2[L(H_0) - L(H_1)]$，LR 渐进服从卡方分布，自由度表示约束个数，$L(H_0)$ 和 $L(H_1)$ 分别表示在原假设和备择假设下的似然值。进一步我们可以采用 LR 来验证技术资本投资异质性设定的合理性。最后我们构造技术资本投资效率指数（IEI），即实际技术资本支出与最优技术资本支出的偏离程度。定义如下式所示：

$$IEI_{it} = \frac{\exp(x_{it}\beta - \mu_{it})}{\exp(x_{it}\beta)} = \exp(-\mu_{it}) \qquad (5-11)$$

显然，当 $IEI_{it} = 0$ 时，企业技术资本投资效率最低，融资约束程度最大；而当 $IEI_{it} = 1$ 时，技术资本投资效率最高，融资约束程度最小。在估计完模型（5-11）后，进一步估计模型（5-12）：

$$IEI_{it} = E[\exp(-u_{it} \mid e_{it} = \tilde{e}_{it})$$
$$= \exp(-\tilde{u}_{it} + 1/2\,\tilde{\sigma}_{it}^2)\phi(\mu_{it}/\sigma_{it} - \tilde{\sigma}_{it})/\phi(\tilde{u}_{it}/\tilde{\sigma}_{it})]$$
$$(5-12)$$

通过上述转换后，模型（5-12）中的 IEI_{it} 将表示为实际技术资本投资（存在融资约束）与最优技术资本投资（不存在融资约束）偏离的百分比[169]。

5.2.3 样本、参数与变量

1. 样本来源

选取我国沪深 A 股制造业和信息技术业上市公司为样本，样本区间为 2008～2014 年。因为构建的是平衡面板数据，2008 年的数据做差额处理，所以最终得到的数据是 2009～2014 年 6 年的数据。技术资本增量数据来源于国泰安数据库中财务报告附注的无形资产明细项目逐项整理，其他变量数据也均来自泰安数据库。为保证数据的有效性，筛选过程中剔除了 ST 公司，为了避免极端值，对所有连续变量均进行了缩尾处理。

2. 参数与模型

针对模型（5-4），鉴于托宾 Q 值是市场指标，可以反映企业未来发展潜力和投资机会。技术资本投资具有回收期长、风险大、收益不确定等特征，所以在选择企业未来投资机会的变量时，托宾 Q 值作为模型 Q_{it} 的代理变量。

对于模型（5-5）中反映融资约束的一系列变量 z_{it}，因为融资约束程度的大小受到了企业内外部资金的影响，在对 z_{it} 的设定时，我们采用 $Z_{it} = (CF'_{it}, EQUI'_{it}, DBET'_{it}, SIZE_{it})$，$CF_{it}$ 表示内部融资能力，$EQUI_{it}$ 和 $DBET_{it}$ 分别反映股权增加额和债权增加额。$SIZE_{it}$ 作为模型的控制变量，不同的企业规模下，融资约束程度有所差异，大规模公司融资约束程度较低，反之较高。同理我们认为，CF_{it}、$EQUI_{it}$、$DBET_{it}$ 和 $SIZE_{it}$ 均会对企业未来融资约束的不确定性 σ_{it}^2 产生影响，故在异质性随机前沿模型中，对融资约束不确定性的影响参数也设定为以上四个变量。

3. 模型的主要变量及描述性统计

模型的主要变量及描述性统计如表 5-8 所示。

表 5-8　　　　　　　　主要变量设定及描述性统计结果

变量	均值	最大值	最小值	标准差	计算方法
TC	0.052	0.470	-0.185	0.165	Δ 技术资本存量/期末无形资产净额
CF	0.046	1.822	-0.755	0.988	经营活动产生的现金流量净额/期初总资产
SIZE	21.94	26.75	18.72	1.193	总资产的自然对数
EQUI	0.045	0.892	-0.835	0.1295	Δ(股本 + 资本公积)/期末总资产
DEBT	0.053	0.918	-5.04	0.1149	Δ(负债总额)/期末总资产
TOBINQ	2.16	11.490	0.68	1.23	公司总市值/资产重置成本

5.2.4　实证结果及其分析

1. 异质性随机前沿模型检验结果

表 5 – 9 的模型 1 反映不存在参数约束下的异质性模型；模型 2 借鉴巴蒂斯和科利（Battese and Coelli）的研究结果[170]，表示融资约束不确定性不受 CF、EQUI 等变量的影响的模型；模型 3 假设融资约束本身不受 CF、EQUI 等变量的影响的模型；模型 4 借鉴卡迪尔（Caudill）等的研究，假设融资约束服从从 0 处截断异质性特点的半正态分布[171]；模型 5 反映市场无摩擦假设。通过检验结果，模型 1、模型 2、模型 3、模型 4 和模型 5 得到的对数似然值分别为 1239.65、1110.15、1115.07、1114.99 和 –679.33，并根据表 5 – 9 中的 LR 检验结果，表明模型 1 的异质性随机前沿模型整体优于其他模型，且融资约束与融资约束的未来不确定性均对技术资本投资支出显著相关。下面我们基于模型 1 对结果进行分析。

表 5 – 9　　　　　　　　　异质性模型估计及检验结果

变量	模型 1： 无约束	模型 2： $\gamma = 0$	模型 3： $\theta = 0$	模型 4： $e_{it} = 0$	模型 5： $\mu_{it} = 0$
投资函数					
LN（TOBINQ）	0.018 ** (2.02)	0.036 *** (4.43)	0.035 *** (4.02)	0.035 *** (4.10)	0.028 *** (2.57)
年度效应	控制	控制	控制	控制	控制
_cons	0.469 *** (44.34)	0.041 *** (3.72)	0.044 *** (3.70)	0.045 *** (3.74)	0.460 *** (10.21)

续表

变量	模型1： 无约束	模型2： $\gamma = 0$	模型3： $\theta = 0$	模型4： $e_{it} = 0$	模型5： $\mu_{it} = 0$
融资约束 μ_{it}					
CF	-0.069 * (-1.92)	-2.233 (-0.76)			
EQUI	-0.115 *** (-4.46)	-1.134 (-0.73)			
DBET	-0.251 *** (-7.32)	-19.83 * (-1.81)			
SIZE	-0.002 (-0.55)	-0.455 (-1.21)			
_cons	0.529 *** (5.74)	7.360 (0.99)	-0.006 *** (-0.33)		
融资约束不确定 σ_{it}^2					
CF	0.370 (0.67)		-1.872 (-0.49)	-1.971 (-0.5)	
EQUI	1.457 *** (5.69)		-3.840 ** (-1.92)	-3.879 * (-1.90)	
DBET	2.500 *** (6.18)		-16.463 *** (-2.74)	-17.16 *** (-2.87)	
SIZE	-0.295 *** (-8.36)		-0.410 (-1.35)	-0.429 (-1.39)	
_cons	1.856 ** (2.25)	-2.889 *** (-4.37)	-3.438 (0.50)	3.768 (0.54)	

变量	模型 1： 无约束	模型 2： $\gamma = 0$	模型 3： $\theta = 0$	模型 4： $e_{it} = 0$	模型 5： $\mu_{it} = 0$
似然值	1239.65	1110.15	1115.07	1114.99	−679.33
LR1	3837.968	3578.961	3588.809	3588.640	
P 值	0.000	0.000	0.000	0.000	
LR2		259.008	249.160	249.329	3837.968
P 值		0.000	0.000	0.000	0.000

注：*，**，*** 分别表示在 10%，5% 和 1% 水平显著，（）里为 Z 值；LR1 和 LR2 为模型（5）和模型（6）似然比检验的卡方值。

从表 5-9 发现，所有类型的模型中代表未来投资机会的托宾 Q 值的回归系数均通过了正向的显著性检验。结果表明技术资本投资支出取决于企业的投资机会 TOBINQ，投资机会越多，企业技术资本投资水平越高。这与其他投资支出的相关文献结论相同（连玉君、苏冶，2007[169]；冯根福等，2015[172]），且与传统的投资 Q 理论一致。

内部现金流 CF 对融资约束的影响在 10% 的显著性水平下通过了检验，且系数为负，表明内部现金流缓解了融资约束程度，内部融资能力越高，融资约束水平越低，且发现内部现金流 CF 对融资约束未来不确定性的影响没有通过显著性检验，未来融资约束不确定性并没有借助于内部现金流的增加得到缓解。假设 5-6 得到了部分验证。内部现金流未能影响融资约束的未来不确定性，其原因可能在于制造业和信息技术业是政府大力发展的行业，公司产品和技术更新换代的频度较一般企业要快、未来盈利能力风险较大、不确定性较高。当面临融资约束时，可能通过银行或其他金融机构的融资渠道可以较为方便地获得投资所需的现金，所以内部现金流的增加不会影响企业未来融资约束不确定性。

针对公司外部融资，股权融资（EQUI）和债权融资（DEBT）与融资约束的相关系数显著为负，与融资约束不确定性的回归系数显著为正。这表明，外部股权融资（EQUI）和外部债权融资（DEBT）一方面可以缓解上市公司当前的融资约束水平；另一方面也会明显加剧其未来融资约束的不确定性。假设 5 - 7 得到了验证。究其原因，一方面对于股权和债权融资，融资额越大，当期资金短缺程度越低，从而实现缓解企业融资约束；另一方面，由于技术资本投资未来不确定性和负债状况，外部融资会使得企业未来达不到监管层增发配股的要求或发生"债务悬置效应"，加剧未来融资约束的不确定性。

股权融资（EQUI）、债权融资（DEBT）与融资约束和未来融资约束的不确定性的回归系数可以发现，相差较大。通过系数的 Wald 检验，发现外部债权融资对融资约束的缓解和未来不确定性的加剧程度均比外部股权融资对其二者的影响要大。究其原因，首先，技术资本投资在融资时的顺序与"融资优序理论"不一致，表现为：一是内部融资；二是股权融资；三是债权融资（周红根、罗福凯等，2015）。所以在外部融资顺序的选择上具有股权融资的偏好，鉴于我国的融资体系有些类似于日本和德国的金融体系，银行体系占主导地位，当缺乏资金时，虽然首选股权融资，但是通过证券市场再融资的难度相对较大，当通过证券市场融资难度加大时，都有转为银行等债权人融资的趋向。其次，进一步分析时发现，选择的样本区间为 2008 ~ 2014 年，这区间证券市场刚刚经历了一场大牛市，市场一直未能走出上一次牛市的阴影，导致上市公司增发、配股等股权融资手段不显著，通过证券市场进行外部融资的能力有限，主要通过外部债权进行融资，其数额和频度在外部融资中所占比重较大，导致债权融资对融资约束的影响程度较股权融资要大。最后，鉴于我国银行体系主要以国有五大银行为主，其他股份制银行为辅，国有银行出于流动性和安全性的考虑，对技术资本投资这类周期长、收益不稳定、风险大的投资贷款敬而远之且以短期负债为主。企业短期负债具有短视效应，长期融资的匹配安排较为缺乏，从而导致债权融资对未来融资约束的不确定性程度较外部股权融资要高。

同时，在相关文献中影响融资约束的因素也含有企业规模（SIZE），企业规模的大小直接影响融资约束和未来的不确定性。从表 5 - 9 发现企业规模对融资约束负相关，与预期符号相符，但是没有通过显著性检验，企业规模对融资约束未来不确定性显著负相关。这表明企业规模对融资约束没有影响。其原因，对制造业和信息技术业而言，企业规模的大小与融资约束程度无必然关系，制造业和信息技术业是国家大力发展的行业，当规模较小时，小规模企业如果符合创业板上市的条件，也是可以通过再融资的方式从证券市场中获取资金支出。如果企业因为缺乏资金导致破产，出于政治和银行等金融机构的考虑，规模越大的企业未来获得政府和金融机构扶持的机会越多，所以企业规模越大，越会缓解未来企业融资约束的不确定性。

2. 公司产权性质和地区差异的分析

为了研究不同地区和产权性质的上市公司在不同的融资约束状况下的异质性，我们首先将样本按公司产权性质分组，从表 5 - 10 可知，代表企业未来投资机会的托宾 Q 值与技术资本投资回归系数均为正值，除了中部地区没有通过显著性检验外，国有企业、非国有企业和其他地区的检验结果均通过了显著性检验。中部地区的检验结果表明上市公司技术资本投资可能除了未来投资机会影响外，还存在和公司销售收入、政府的财政转移支付等有关。对样本整体按产权性质分组后，发现内外部融资、规模大小对融资约束和不确定性的影响，与全样本的检验结果差异不大。

表 5 - 10　　　　　　　　分企业性质、地区分组估计结果

变量	国有	民营	东部地区	中部地区	西部地区	东北地区
投资函数						
LN(TOBINQ)	0.0212 * (1.66)	0.0402 *** (1.76)	0.065 *** (2.89)	0.011 (0.51)	0.0446 * (1.92)	0.129 *** (3.10)
年度效应	控制	控制	控制	控制	控制	控制
_cons	0.476 *** (34.31)	1.172 *** (50.69)	0.478 *** (16.13)	0.0882 (3.15)	0.088 *** (2.90)	0.065 (1.29)

续表

变量	国有	民营	东部地区	中部地区	西部地区	东北地区
融资约束 μ_{it}						
CF	0.0559 (0.78)	-0.0698 * (-1.77)	-7.39 * (-1.71)	1.41 (0.57)	-7.67 (0.213)	0.555 (1.35)
EQUI	-0.0571 * (-1.68)	-0.203 *** (-3.97)	-6.91 *** (-2.97)	-11.23 (-1.44)	-6.458 (-0.78)	-0.2607 (-0.75)
DBET	-0.261 *** (-5.78)	-0.194 *** (-3.17)	-8.54 *** (-3.64)	-9.63 (-1.37)	-5.55 (-1.13)	-0.538 ** (-2.13)
SIZE	-0.003 (-0.63)	-0.009 (-1.27)	0.749 ** (2.36)	0.237 (0.54)	-0.489 (-0.48)	-0.0618 (-1.52)
_cons	0.543 *** (4.52)	1.436 *** (8.40)	-17.21 ** (-2.25)	-4.48 (-0.42)	10.88 (0.49)	1.538 * (1.69)
融资不确定性 σ_{it}^2						
CF	0.588 (0.79)	2.115 *** (2.97)	-11.42 *** (-3.09)	0.836 (0.29)	4.67 * (1.65)	11.43 (0.72)
EQUI	0.913 *** (2.74)	2.650 *** (7.17)	2.72 ** (2.14)	2.145 (1.13)	5.43 *** (3.86)	4.142 (1.30)
DBET	2.630 *** (5.17)	1.571 *** (2.53)	5.08 *** 2.85	-2.070 (-0.87)	2.179 * (1.78)	-4.81 (-0.75)
SIZE	-0.271 *** (-6.20)	-0.417 *** (-6.10)	-0.252 (-1.25)	-0.619 ** (-2.20)	0.2788 (1.04)	-0.552 (-0.53)
_cons	1.526 (1.50)	4.60 *** (2.92)	2.47 (0.51)	10.42 (1.62)	-10.04 * (-1.72)	4.268 (0.18)
似然值	700.79	197.84	-54.595	173.915	120.86	44.862
N	1141	982	1198	413	364	148

注：* 、** 和 *** 分别表示在10% 、5% 和1% 水平显著。

具体而言，内部融资（CF）与国有企业融资约束的回归系数为正，与预期符号相反，但是未通过显著性检验。CF 与民营企业融资约束的回归系数与预期符号相符，且在 10% 的显著性水平下通过了检验。而全样本下的检验结果均缓解了企业的融资约束。同时，国有企业中，内源融资与不确定性不相关，但在非国有组中，内源融资与不确定性显著正相关。这表明国有企业融资约束程度不依赖内部融资，且内部融资不能影响国有企业的未来融资约束的不确定性，而民营企业内部融资可以缓解其融资约束程度，且加剧非国有企业未来融资约束的不确定性。究其原因，在于非国有企业融资难的特点，金融机构主要趋向于向国有企业提供资金需求，民营企业内部现金流越多，企业融资约束程度越低。但是在国有企业中，因为其可以很容易从外界获得资金需求，所以对内部融资的依赖程度较低，内部融资对其融资约束的缓解程度较小。一旦企业从外部融资的难度加大，民营企业当期的内部融资越多，未来不确定性越大。

针对外部融资，发现国有企业和民营企业中，外部股权融资和外部债权融资对融资约束和未来不确定性的影响和全样本下基本一致。也即外部股权融资和债权融资均会缓解融资约束，但也会加剧未来融资约束的不确定性。进一步我们通过对回归系数的 Wald 检验，我们发现，国有公司融资约束的缓解更为依赖于外部债权，而非国有公司融资约束的缓解对股权融资和债权融资的偏好无差异。这可能在于国有企业的产权性质，银行对其信贷偏好所致，而民营企业在融资方式的选择上不存在差异。通过对外部融资额与未来融资约束的不确定性的回归系数分国有和非国有的 Wald 检验，发现在国有企业中，外部债权融资对未来融资约束的不确定性的加剧程度要比民营企业更高。外部股权融资对非国有企业未来不确定性的加剧程度比国有企业更高。其中的原因可能在于国有企业通过银行等债权人获得资金相比于非国有企业更为容易，而民营企业通过银行等债权人获得贷款的难度相比较大，更多依赖于从证券市场获得相应的资金。同时发现，企业规模对融资约束和未来不确定性的影响与全样本下也基本一致。即无论是国有企业还是民营企业，企业规模的大小不会影响企业的融资约束，但会缓解融资约束的未来不确定性。

其次，本章将样本进一步按地区分为东部地区、中部地区、西部地区和东北地区分组检验后，发现按地区分组后内源融资、外部融资和企业规模的大小对融资约束与未来不确定性影响存在区别。

针对影响融资约束差异，东部地区融资约束与企业内源融资额存在显著负相关，结果与全样本下的结果一致，但在东部地区组回归系数较大，表明东部地区内源融资能够更大程度地缓解融资约束。其他地区融资约束与内源融资的回归系数不显著，甚至中部地区和东北地区的系数为负值。这表明内源融资对东部地区融资约束的缓解起到一定的作用，对其他地区没有显著影响。同样我们也发现，内部现金流的增加能够缓解东部地区的融资约束未来不确定性，而在其他地区没有发现该类证据。

外部债权融资、股权融资和企业规模在不同的地区对融资约束和未来不确定性的表现也不一。具体而言，无论是股权融资还是债权融资，在东部地区均能缓解企业融资约束，其均能加剧企业未来融资约束的不确定性。而在其他地区，仅在西部地区二者加剧企业未来融资约束的不确定性。在东北地区外部债权融资额能够缓解企业的融资约束程度的证据。就企业规模对融资约束和未来不确定性的影响，发现东部地区企业规模越大，融资约束程度越大，中部地区企业规模越大，未来融资约束的不确定性越小。

就地区进行分组后的检验结果表明东部地区无论对融资约束的影响还是对未来不确定性的影响均比较合理，其他地区的检验结果有待进一步解释。本章将中部地区、西部地区和东北地区的数据合为其他地区分组回归后发现结果也不一，有待进一步解释。其原因可能在于东部地区的样本量较大，其他地区样本量较小，经济和其他地区相比较为"发达"，金融市场化程度较为完善，中部地区、西部地区和东北地区的金融系统发展滞后，难以对企业提供有效的资金支持，上市公司融资步履艰难，困难重重。由此可见，区域经济发展不均衡、市场化程度和地区间金融体系差异是我国上市公司融资存在显著区别的主要原因。

因此，企业产权特征和地区间差异，可能会在一定程度上造成企业融资约束和未来不确定性的影响不一，并进而抑制技术资本的投资效率。所以，技术资本投资效率可能与企业所有制性质和区域有关。

3. 技术资本投资效率分析

相关前期文献对技术资本投资效率的分析，主要集中在是否存在非效率投资问题，如利用股权性质来衡量融资约束，检验股权性质与技术资本非效率配置和技术资本非效率配置时由于融资约束抑或代理冲突导致，仅是通过计量分析检验是否存在非效率配置或非效率配置的原因是融资约束抑或代理冲突，未能定量的测算由于融资约束的存在使得技术资本投资效率具体损失了多少。本部分通过运用异质性随机前沿模型定量测算每家公司的技术资本投资效率，以考察由于融资约束的存在使得技术资本投资效率的具体损失值。

通过测算技术资本 2009~2014 年的投资效率，图 5-1 绘制了技术资本投资效率频数分布图，整体呈现正态分布的特征。从图 5-1 发现，我国上市公司技术资本投资效率的均值和标准差分别为 0.8677 和 0.0275。样本公司的技术资本投资效率指数大多集中在 0.8156~0.9504，表明我国制造业上市公司的技术资本投资效率损失了 13.23% 左右。损失值 13.23% 的结果与连玉君（2007）[169] 和冯根福（2015）[172] 测算融资约束导致投资效率损失值（25% 左右）有较大差异。这个结果可能与测算技术资本投资效率有关，技术资本投资不同于一般的固定资产和无形资产投资，其具有保持企业核心竞争力的作用，企业在配置技术资本时可能更为谨慎，同时其配置效率与融资约束的关系与投资相比较小。

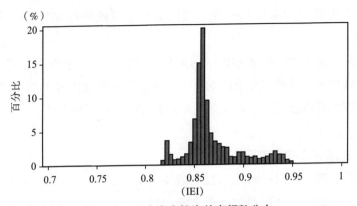

图 5 - 1　技术资本投资效率频数分布

　　图 5 - 2（a）和图 5 - 2（b）是上市公司不同区域和产权性质的技术投资效率指数在 2009 ~ 2014 年的时间序列走势图，可以看出，不同区域和不同产权性质的技术资本投资效率指数在金额上差异不大。样本总体技术资本投资效率在 2011 年前表现为轻微上升的时序，从 2011 年以后，投资效率呈现下降的趋势，但是从整个样本区间上来看，总体呈现下降的趋势。假设 5 - 2 没有得到验证，其可能的原因在于我国近年来虽然对金融市场进行了改革，也取得了一系列的成效，但是因为技术资本投资的不确定性高、沉淀成本高、收益期限长和可抵押程度低等不同于一般性固定资产的投资特征，资金提供方可能不愿意提供资金给企业进行技术资本投资项目，使得企业融资约束程度逐年上升。

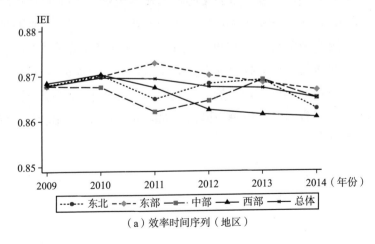

（a）效率时间序列（地区）

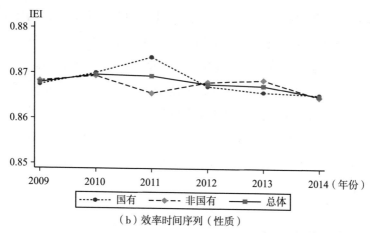

（b）效率时间序列（性质）

图 5 - 2　按产权性质和区域分组的技术资本投资效率时序

通过图 5 - 2（a），我们将样本整体分区域得到技术资本配置效率时序图，发现 2009 ~ 2010 年，四大区域的技术资本投资效率均呈现轻微上升的时序。2010 ~ 2011 年投资效率均在 2010 年的基础上出现下降的趋势。2011 ~ 2013 年投资效率除了东北地区和中部地区表现为上升趋势外，其余地区均表现为下降的时序。2013 ~ 2014 年，技术资本投资效率在四大区域均出现下降的趋势。通过图 5 - 2（b），我们将样本整体按股权性质分为国有企业组和民营企业组，发现 2009 ~ 2010 年技术资本投资效率无论股权性质如何，均表现为上升的时序，同时非国有企业的技术资本投资效率比国有企业投资效率要高。2010 ~ 2011 年，国有企业技术资本投资效率上升，非国有企业投资效率下降，在 2011 年国有企业和非国有企业的技术资本投资效率相差最大，国有企业投资效率比非国有企业要高。2011 ~ 2013 年，国有企业技术资本投资效率下降，非国有企业投资效率上升，在 2013 年非国有企业技术资本投资效率与国有企业相比差异又得到扩大，此时表现为非国有企业比国有企业技术资本投资效率要高。2013 ~ 2014 年，无论是国有企业还是非国有企业，技术资本投资效率均呈现下降的趋势，在 2014 年，技术资本投资效率最低。在 2009 ~ 2014 年，国有企业和非国有企业分别在 2010 年、2012 年和 2014 年投资效率趋向于大致相同。从分组投资效率来看，均呈现折线型下降的总体趋势。

国有企业无论在企业内部现金流、外部融资能力方面，均比非国有企业优势明显。这与我国金融市场对国有企业的偏爱有关。同时，企业规模越大，企业可以从证券市场再融资的能力越大。企业可抵押的资产、政府对大规模企业的利税依赖等，都使得规模越大的企业从外部再融资的能力增强。这表明，国有和规模大的制造业上市公司因种种原因，融资约束程度较民营和规模小的公司要低，由于融资约束的影响所造成的技术资本投资效率损失在国有和规模大的公司身上体现的不太明显，其投资效率更高。

5.2.5　本节小结

在资本市场完美假设条件下，技术资本投资水平处于最优状态。现实中的金融市场非均衡，导致企业融资约束普遍存在。融资约束使得企业技术资本投资效率偏离最优状态。本章采用 2008～2014 年我国沪深 A 股制造业和信息技术业上市公司数据，选择异质性随机前沿模型，测算我国上市公司的技术资本投资效率，解释了企业技术资本投资效率与融资约束和融资方式的关系。本章较好地完成了研究任务。其研究结论有如下四项。

（1）2008～2014 年，样本整体技术资本投资效率逐年下降，按照产权性质和区域分组检验后，各组总体均呈现下降趋势。国有企业和非国有企业技术资本投资效率成交叉性的你追我赶的局面，各区域中，总体和西部地区的企业技术资本投资效率呈现持续下降的特征，但其他区域均表现为折线型下降的趋势。在 2014 年样本总体和各组的技术资本投资效率达到最低。融资约束的存在使得我国制造业和信息技术业上市公司的技术资本投资效率平均为 86.77%，比最优效率水平低大约 13.23%。

（2）我国制造业上市公司技术资本支出规模取决于企业投资机会 TOBINQ，未来投资机会越多，企业技术资本投资支出越高。这说明，在我国推行供给侧结构性改革和转换经济增长方式的过程中，投资和拉动需求均很重要，投资依然是我国企业促进技术创新的重要驱动力。

（3）企业融资约束与技术资本投资效率密切关联，较强的融资约束不利于提升技术资本投资效率，进而影响企业技术创新。企业内部现金流虽然可以缓解企业融资约束程度，但对融资约束未来不确定性没有影响；民营企业内部融资能力能够缓解企业融资约束，且加剧未来融资约束的不确定性。按样本整体检验后发现，企业规模不能缓解融资约束水平，但是会减少未来融资不确定性的影响，进一步分组检验，表明企业规模在东部地区会加剧融资约束水平，但在中部地区会减少未来融资的不确定性。

（4）融资约束与资本结构之间存在一定关系，无论是股权融资还是债权融资均能缓解融资约束水平，且加剧了未来融资约束的不确定性，对技术资本投资效率有明显的抑制或阻碍作用。在对样本进行分组检验时，发现上述关系在国有企业、民营企业和东部地区均存在上述关系，但是在西部地区、中部地区和东北地区检验结果有差异。因此，目前，我国企业的产权特征和区域差异对企业技术资本投资效率有一定程度的影响。

第 *6* 章

公司治理与技术资本
投资及其效率

代理理论认为，由于代理问题的存在，经理人不以股东价值最大化为目标，可能会出于自身利益构建"企业帝国"，谋求在职消费和职权支配（Jensen，1986）[11]，从而导致企业投资支出超出其最优水平，造成过度投资[173]，使得企业出现非效率投资现象。公司治理可以作为代理成本的一种估算变量（苏冶、连玉君，2011）[12]，会促进企业投资支出的提高，可能会使得投资支出高于其最优边界，使得企业出现投资非效率。由于技术资本投资具有不确定性高、信息不对称程度高、受益期限长、能增加企业未来核心竞争力等区别于一般性固定资产投资的特征，所以一方面技术资本投资可能面临的代理问题，构建"企业帝国"谋求资源支配的现象更为突出；另一方面，技术资本投资又具有增加企业核心竞争力的功能，公司治理作为缓解代理问题的有效途径，可能使得企业将技术资本过度投资状态拉回到最优水平（王桂花，2015）[174]。所以公司治理与技术资本投资支出的关系如何，是促进还是抑制技术资本投资支出？如果公司治理使得技术资本出现投资非效率，非效率程度又将如何？这些也是比较重要的问题，亟待财务学检验。本章就单独分别考察公司治理与技术资本投资支出、公司治理与技术资本投资效率这两个方面的问题。

6.1　公司治理与技术资本投资支出的实证研究

近年来公司治理与投资的实证研究一直是学术界的热点，大部分学者主要研究了不同公司治理因素对企业投资的影响，但结论不一，即在不同行业、不同年份或不同股权性质下，股权集中度、董事会规模及高管薪酬等公司治理因素对企业投资影响的方向及显著性存在较大差异。公司治理水平的提高能够缓解信息不对称所引发的代理冲突，减少管理者短视行为给企业带来的损失，使得股东与管理者利益最大限度趋同。技术资本投资作为企业投资的一种特殊形式，具有不确定性高、信息不对称程度高、受益期限长、能增加企业未来核心竞争力等一系列特征。这样，公司治理到底是促进抑或抑制了技术资本投资支出，有待探究探讨。

本节基于 2008~2014 年制造业和信息技术业的微观企业数据，通过主成分分析法构建公司治理指数，运用广义倾向得分匹配方法（GPS）研究企业公司治理水平对技术资本投资的影响。GPS 方法能够有效解决样本选择偏误及内生性问题，相比倾向得分匹配（PSM）而言，能够量化研究公司治理对技术资本投资的动态作用区间，突破处理变量为虚拟变量的限制，并在不同股权性质及不同地区下进行细化研究，以期为技术资本投资的影响因素提供新的经验证据。

6.1.1　文献梳理与机理分析

关于公司治理的研究一直是国内外学者关注的热点，而与技术资本相结合研究的文献较少。大部分学者均围绕公司治理与技术创新、企业绩效或投资等展开讨论，且结论不一。鲁桐、党印（2014）发现资本密集型行业下国有第一大股东持股比例显著正向影响企业研发投入，而在技术密集型行业下，对核心技术人员进行期权激励能够增加企业研发投入[91]。孙早、肖利平（2015）认为在资本、技术密集型企业中，股权集中度的提高能够促进企业研发投入[175]。概括来说，在不同股权性质、不同行业及不同年度区间下，不同公司治理因素对企业技术创新或投资的影响方向及显著性不同。孙焕伟、罗福凯（2011）以我国制造业上市公司为样本，以无形资产及开发费用作为技术资本的替代变量，研究了公司治理结构对企业技术资本的影响，发现独立董事治理与法律监管能够增加企业技术资本，股权集中度等其他因素对技术资本无显著影响[51]。周红根、罗福凯（2015）在丰富和拓展技术资本含义的基础之上进一步探究了高端装备制造业下公司治理、融资约束与技术资本配置的相关关系，认为公司治理和融资约束均会影响企业技术资本配置对内部现金流的依赖程度[20]。基于前面分析，对我国公司治理与技术资本的机理进行分析阐述。

在委托代理理论及信息不对称理论下，企业代理冲突的存在导致股东、债权人与管理者之间存在利益冲突，能够影响企业的投资效率，加之企业契约具有一定的不完备性，公司治理对剩余控制权与索取权的有效安排就显得尤为重要。技术资本投资本身具有风险大、投资周期长、收益不确定的特点，股东及管理者在面对此类投资项目时往往呈现不同态度。由于技术资本投资在短期内难以收回成本，而管理者作为短期业绩压力的主要承担者，往往倾向于风险规避；股东所需要承担的业绩压力较小，更多的关注企业长期绩效和长远发展，尤其是对风险激进型股东而言，管理者与股东利益趋同可以有效降低代理冲突所导致的非效率投资。技术资本配置本身就是一种投资行为，公司治理结构是企业进行技术创新及技术资本投资的重要制度基础，良好的公司治理机制有利于缓解代理冲突，能够增加管理层及股东对技术资本投资的重视程度。基于上述分析，我们认为良好的公司治理水平对企业技术资本投资具有促进效应。为了验证上述推论，采用广义倾向得分匹配（GPS）方法进一步检验。

6.1.2 广义倾向得分匹配（GPS）方法与变量选取

1. 方法具体应用步骤阐述

公司治理与技术资本投资的关系使用普通最小二乘法进行检验可能会出现选择性偏误问题，即除企业公司治理程度之外，企业规模、融资约束程度等都会对企业技术资本投资产生影响；此外，我们无法分离出导致技术资本投资差异的其他因素，可能导致遗漏变量问题。传统意义上的解决方法即通过倾向得分匹配（PSM），但这种方法只适应于解释变量为虚拟变量的情形，本章通过主成分分析构造的公司治理指数为连续型变量，鉴于此，进一步运用希拉诺和因本斯（Hirano and Imbens，2004）广义倾向匹配法（GPS）[176]来分析不同公司治理指数下技术资本投资的变化。该方法除具有 PSM 的优势、能够有效解决选择性偏误和遗漏变量等问题外，能够适应于连续型变量，不需对其进行离散化处理，从而充分利用样本信息。下面给出广义得分倾向匹配（GPS）方法介绍。

假定连续型处理变量 D 在区间 $\bar{D} = [d_0, d_1]$ 中赋值，结果变量假设为 Y。本部分连续型处理变量 D 为根据主成分分析法得出的公司治理指数，具体过程下面做详细介绍，结果变量 Y 为企业技术资本投资额。根据希拉诺和因本斯（2004）[176]的做法，将二元处理变量的条件独立性延伸为连续型变量：

$$Y(d) \perp D \mid X \text{（对于所有的 } d \in \bar{D}) \tag{6-1}$$

式（6-1）中，Y(d) 为处理变量 D 取值为 d 时的结果值，本章中 Y(d) 表示为当公司治理指数为 d 时所对应的企业技术资本投资额。该条件表示在控制的匹配向量 X 因素后，企业公司治理程度与企业技术资本投资是相互独立的，向量 X 包含的变量为"匹配变量"。一方面影响公司治理指数；另一方面又能够影响企业技术资本投资。

令处理变量的条件概率密度函数为：

$$r(d, x) = f_{D \mid X}(d \mid x) \tag{6-2}$$

此时广义倾向得分 GPS 即为 $S = r(D, X)$（Hirano、Imbens，2004）[176]，它表示在控制了匹配变量 X 之后当处理变量 D 取值 $d \in \overline{D}$ 时的概率。广义倾向得分匹配（GPS）与 PSM 一样，具有平衡性检验。条件概率密度相同的样本，处理变量取值概率与匹配变量 X 无关。在给定 X 的情况下，处理变量 d 满足：

$$f_D(d \mid r(d, X), Y(d)) = f_D(d \mid r(d, x)) \qquad (6-3)$$

式（6-3）表示控制 GPS 之后，处理变量 d 与结果变量 Y(d) 相互独立。

在上述过程的基础之上，希拉诺和因本斯（2004）提出广义倾向得分匹配（GPS）的三个步骤：

第一步，在企业规模、资产负债率等匹配变量的控制下，运用极大似然估计方法得到处理变量 D 的分布。

$$E(D_i \mid X_i) = \alpha_0 + \alpha_1 X_i \qquad (6-4)$$

利用式（6-4）估计结果计算得到广义倾向得分 S_i。

第二步，在上述第一步基础上，将结果变量 Y_i 表示为处理变量 D_i 和广义倾向得分变量 S_i 的函数以得到其条件预期值，以普通最小二乘（OLS）作为估计方法：

$$E(Y_i \mid D_i, S_i) = \beta_0 + \beta_1 D_i + \beta_2 D_i^2 + \beta_3 S_i + \beta_4 S_i^2 + \beta_5 D_i S_i \qquad (6-5)$$

第三步，根据上述第二步进行回归得到的系数，利用式（6-6）估计不同处理变量 D 对结果变量 Y 的影响效应：

$$E[Y(d)] = \frac{1}{N} \sum [\hat{\beta}_0 + \hat{\beta}_1 d + \hat{\beta}_2 d^2 + \hat{\beta}_3 \hat{S}(d, X_i)$$
$$+ \hat{\beta}_4 \hat{S}(d, X_i)^2 + \hat{\beta}_5 d\hat{S}(d, X_i)] \qquad (6-6)$$

式（6-6）中，N 为样本数，至此，在任一段连续型处理变量（公司治理指数）取值范围内，可以得到处理变量对结果变量的因果效应，量化估计得到企业公司治理指数对技术资本投资额影响的具体效应值和动态作用区间，进而得到描述公司治理指数与技术资本投资之间的函数图。

2. 变量选取

在数据收集过程中发现我国上市公司在无形资产明细项目下披露技

术资本存量的企业主要以制造业和信息技术业为主，因此本章以 2008 ~ 2014 年沪深两地上市的 A 股制造业和信息技术业上市公司为研究样本，剔除被 ST 或 *ST 的企业，剔除相关数据缺失的企业（见表 6 - 1）。

表 6 - 1　　　　　　　　　　公司治理指数的变量设计

	NO	变量	变量取值方法与说明
股权结构	1	是否国有控股（X1）	虚拟变量，国有控股取 1，否则取 0
	2	第一大股东持股比例（X2）	第一大股东持股量/股份总数
	3	股权制衡度（X3）	第二至第十大股东持股量/第一大股东持股数
董事会治理	4	委员会设置（X4）	虚拟变量，四会齐全取 1，否则取 0
	5	董事会规模（X5）	董事数量
	6	两职兼任（X6）	虚拟变量，CEO 是否兼任董事会主席或副主席，如是，取 1，否则取 0
	7	独立董事占比（X7）	独立董事数量/董事数量
	8	董事持股（X8）	董事持股数量/总股数
管理层治理	9	管理层薪酬（X9）	前三名高管薪酬（除董事监事以外）/薪酬总额
	10	管理层持股（X10）	管理层持股数量/总股数（除董事监事以外）
监事会治理	11	监事会人数（X11）	监事会总人数
	12	监事会成员持股比例（X12）	监事会成员持股数量/股份总数
外部治理机制	13	债权人治理（X13）	资产负债率
	14	政府市场评分（X14）	根据王小鲁、樊纲的《中国分省份市场化指数报告（2016）》中的政府和市场关系指数得到
	15	律师、会计师等市场中介组织（X15）	根据王小鲁、樊纲的《中国分省份市场化指数报告（2016）》中的律师、会计师等市场中介组织服务条件指数得到

（1）处理变量。本章通过主成分分析法从公司内部治理机构和外部治理机制两个方面构建公司治理指标体系，并以此作为连续型处理变量。在构建公司治理指数时，选取特征值大于 0.9 的前 6 大因子，得到的累积贡献率达 72.81%，表明提取的因子是有效的。首先，提取初始载荷因子，将初始载荷因子与主成分特征值的平方根相除，便转换为主成分所对应的特征向量。其次，对公司治理变量标准化处理，得到 ZX_i（$i = 1$，2，…，13）。再次，将特征向量 TX_i（$i = 1$，2，…，13）与标准化后的公司治理变量（ZX_i）相乘，得到每个主成分的指数 F_j（$j = 1$，2，…，6）。进一步将每个主成分的方差贡献率作为权数，与每个主成分的指数 F_j（$j = 1$，2，…，7）相乘，得到公司治理指数 CGI = F1 × 0.2322 + F2 × 0.1367 + F3 × 0.1120 + F4 × 0.0983 + F5 × 0.0796 + F6 × 0.0694。最后对公司治理指数 CGI 标准化处理。GPS 下处理变量要服从正态分布，经过验证，得出的公司治理指数基本服从正态分布。

（2）结果变量。本章以企业当年技术资本投资额（tc）作为结果变量，用企业当前年度技术资本存量减去上一年度技术资本存量后除以企业期末无形资产净额得到。对于技术资本存量，根据前面所述的技术资本内涵界定，认为微观层面的技术资本包含专利、非专利技术、系统与软件、其他技术权利等组成部分，具体包含技术诀窍、商标、专利（技术）、控制系统、信息系统平台、研发机构、软件、许可转让费、技术使用权、软件使用权等项目，具体数值依据国泰安数据库财务报告附注中的无形资产逐项整理得到。

（3）匹配变量。以期末总资产衡量企业规模（size），并做对数化处理。企业规模通常会影响董事会及管理层规模，企业规模越大，由于信息不对称所导致的股东与管理者之间的代理冲突可能越严重，进而导致代理成本增加，降低企业公司治理水平。以资产负债率（lev）衡量负债水平，用期末负债总额除以总资产表示。当资本利润率高于借款利率时，股东往往倾向于较高的负债水平，而较高的负债水平对债权人来说是不利的，因此当资产负债率较高时，股东与债权人之间的利益冲突较为明显，由此可能引发公司治理水平的降低。以总资产增长率

（growth）衡量企业本期资产规模的增长情况，用企业当期资产总额减去上一期资产总额后除以上一期资产总额得到。当企业近期资产经营扩张规模较快、总资产增长率较高时，管理者可能倾向于进一步扩张企业规模，形成自己的利益集团，而经营规模的扩张往往会给企业带来更高的负债水平，债权人为维护自身利益可能会增加债务成本，导致企业融资成本过高，进而出现由于融资约束所导致的代理冲突，造成企业公司治理水平下降。以股利分配率（div）反映企业的股利政策，一般来说处于成长期的企业更倾向于低股利政策，进入成熟期后，企业会增加分配给股东的利润，股利支付率较高。企业进入成熟期后，股东、管理者与债权人之间经过成长期的磨合，形成一种利益默契，此时代理冲突及信息不对称程度降低，公司治理水平可能会有所提高。

3. 主要变量描述性统计

表 6 - 2 给出了主要变量的描述性统计，其中处理变量公司治理指数标准化后的均值为 0.2459，最小值为 0.1322，最大值为 0.4409，标准差较小，表明我国制造业和高新技术企业公司治理水平较为适中，且波动不大，较为稳定。技术资本投资占期末无形资产净额的比重均值为 0.0493，最小值为 - 0.1971，最大值为 0.52，波动较大，表明技术业技术资本配置较低，受极大值影响呈右偏分布。匹配变量中企业总资产变量标准差为 1.1201，表明我国上市公司企业规模波动较大，且受极大值影响呈右偏分布；资产负债率均值为 0.4121，最大值与最小值差距较大；总资产增长率均值为 0.6728，表明我国制造业和信息技术业上市公司平均年资产增长 67.28%，发展较快；股利分配率均值为 0.2520，中位数为 0.2044，整体来说制造业和信息技术业采取较为积极的股利政策，受极大值影响呈右偏分布。

表 6 - 2   主要变量描述性统计

变量	均值	最小值	最大值	标准差
CGI	0.2459	0.1322	0.4409	0.0624
tc	0.0493	- 0.1971	0.52	0.2231
size	21.7124	18.5078	26.7512	1.1201
lev	0.4121	0.0075	1.6499	0.2064
growth	0.5128	- 11.332	151.46	3.8010
div	0.2520	0	41.791	0.2614

6.1.3 实证结果与分析

1. 第一步估计结果

表 6 - 3 给出了全样本及不同股权性质下 GPS 方法第一步估计结果，全样本下各匹配变量系数均通过了 1% 的显著性检验，表明匹配变量的择取有效且估计结果可靠。具体而言，企业规模、资产负债率、总资产增长率与企业公司治理指数呈负相关关系，股利分配率与企业公司治理指数呈正相关关系，各变量符合预期。根据股权性质分组后，我们发现，各匹配变量的显著性和符号存在一定差异。其中非国有企业各匹配变量均通过显著性检验且符号与全样本一致；国有企业下企业规模和资产负债率通过了显著性检验，但企业规模符号与全样本相反。由于国有企业特殊的企业性质，其行政职位通常由大股东直接委派（谷丰、张林，2016）[177]，且经理人市场不健全，公司治理水平较低主要是由代理冲突所导致，因此股利分配率及总资产增长率对国有企业公司治理的影响并不显著。国有企业规模的不断增大，国家相关部门对其监督力度加大，对企业内部治理来说是一种无形的约束，进而带来公司治理水平的提高。国有企业经营目标多元，担负更多的非市场化负担，因此影响公司治理

水平的因素与全样本及非国有企业相比存在一定差异，权衡各分组下样本量大小及整体估计结果，我们认为各匹配变量符号基本符合预期，选取的匹配变量较为合理。

表 6 - 3　　　　　　全样本及不同股权性质下 GPS 第一步估计结果

变量	全样本			国有			非国有		
	系数	Z 值	P 值	系数	Z 值	P 值	系数	Z 值	P 值
size	- 0. 0282 ***	- 7. 47	0. 000	0. 0077 **	2. 00	0. 045	- 0. 0199 ***	- 3. 73	0. 000
lev	- 0. 3254 ***	- 15. 26	0. 000	- 0. 0938 ***	- 3. 98	0. 000	- 0. 2415 ***	- 8. 85	0. 000
growth	- 0. 0552 ***	- 6. 48	0. 000	- 0. 0127	- 1. 34	0. 181	- 0. 0369 ***	- 3. 48	0. 000
Div	0. 0573 ***	4. 07	0. 000	- 0. 0014	- 0. 08	0. 938	0. 0324 **	2. 06	0. 039
cons	- 0. 6550 ***	- 8. 54	0. 000	- 1. 6953 ***	- 21. 59	0. 000	- 0. 7443 ***	- 6. 82	0. 000
Wald	1023. 20 ***			52. 43 ***			309. 59 ***		

注：*、** 和 *** 分别表示在 10%、5% 和 1% 水平显著。

为进一步探究我国不同区域下上市公司公司治理对企业技术资本投资的印象，将样本划分为东、中、西及东北地区，分组进行广义倾向得分匹配分析。表 6 - 4 给出了不同区域下 GPS 第一步估计结果，东部地区、中部地区、西部地区各匹配变量均通过显著性检验，且符号与预期相符；东北地区企业规模及总资产增长率通过显著性检验且符号与预期相符，资产负债率和股利分配率未通过显著性检验，可能与东北地区样本量较少有关。整体来说企业规模、企业负债水平、资产扩张情况、股利政策对企业公司治理水平能够产生显著差异，不同区域下各匹配变量的选取较为合理，估计结果较为可靠。

表 6 - 4 不同区域下 GPS 第一步估计结果

变量	东部地区		中部地区		西部地区		东北地区	
	系数	Z 值	系数	Z 值	系数	Z 值	系数	Z 值
size	- 0.0320 ***	- 7.27	- 0.0390 ***	- 4.27	- 0.0167 *	- 1.69	- 0.0396 ***	- 3.39
lev	- 0.2420 ***	- 9.50	- 0.3181 ***	- 6.44	- 0.2459 ***	- 4.49	- 0.1053	- 1.54
growth	- 0.0852 ***	- 7.66	- 0.0706 ***	- 4.84	- 0.0617 **	- 2.44	- 0.0632 **	- 2.24
Div	0.0498 ***	3.63	0.1083 ***	3.39	0.1216 ***	2.73	0.0079	0.53
cons	- 0.5374 ***	- 5.98	- 0.5498 ***	- 2.98	- 1.1347 ***	- 5.72	- 0.5780 **	- 2.39
wald	637.36 ***		215.23 ***		85.79 ***		39.57 ***	

注：* 、 ** 和 *** 分别表示在 10% 、5% 和 1% 水平显著。

2. 第二步估计结果

GPS 第二步是将企业技术资本投资作为被解释变量、企业公司治理指数为解释变量，将第一步估计得出的广义倾向得分变量作为控制变量，通过 OLS 进行估计。是否加入公司治理、广义倾向得分变量的平方项及两者之间的交乘项视具体估计系数是否显著而定（邵敏、包群，2012）[178]。

表 6 - 5 给出了全样本及不同股权性质下 GPS 第二步估计结果，可以发现在全样本下公司治理水平及其平方项、广义倾向得分值及其与公司治理交乘项均通过了显著性检验，只有广义倾向得分值的平方项未通过显著性检验，在应用 GPS 估计时将估计系数不显著的变量去掉。非国有企业下广义倾向得分值不显著，其余变量均显著；国有组各变量均未通过显著性检验。

表 6 – 5　　　　　　　全样本和不同产权性质的 GPS 第二步估计结果

变量	全样本			国有			非国有		
	系数	t 值	P 值	系数	t 值	P 值	系数	t 值	P 值
D	− 2. 3921 ***	− 3. 67	0. 000	− 8. 3004	− 1. 18	0. 238	− 3. 5197 ***	− 3. 45	0. 001
D^2	4. 2025 ***	3. 64	0. 000	20. 9084	1. 24	0. 215	5. 5073 ***	3. 32	0. 001
S	− 0. 0822 *	− 1. 75	0. 081	0. 0571	0. 61	0. 543	− 0. 0754	− 1. 38	0. 167
S^2	− 0. 0104	− 0. 64	0. 521	− 0. 0163	− 0. 73	0. 467	− 0. 0318 *	− 1. 90	0. 058
D × S	0. 5572 ***	4. 57	0. 000	0. 0989	0. 27	0. 791	0. 6725 ***	4. 76	0. 000
cons	0. 3202 ***	4. 08	0. 000	0. 7726	1. 21	0. 227	0. 5025 ***	3. 80	0. 000
F 值	9. 15 ***			0. 92			7. 67 ***		
R – Sq	0. 0115			0. 0028			0. 0163		

注：＊、＊＊ 和 ＊＊＊ 分别表示在 10%、5% 和 1% 水平显著。

表 6 – 6 给出了不同区域下 GPS 第二步估计结果，由估计结果可知，东部地区各系数显著性与全样本回归结果一致，除广义倾向得分值平方项未通过显著性检验外，其他变量均在 1% 水平下显著异于零。西部地区只有公司治理及其平方项通过了显著性检验，其余变量不显著。中部地区及东北地区各变量未通过显著性检验。至此，我们将第二步估计系数作为 GPS 第三步估计基础，进入下一步估计。

表 6 – 6　　　　　　　　　　分区域 GPS 第二步估计结果

变量	东部地区		中部地区		西部地区		东北地区	
	系数	t 值	系数	t 值	系数	t 值	系数	t 值
D	− 7. 1198 ***	− 3. 58	− 1. 3378	− 0. 62	− 7. 3025 **	− 2. 13	1. 7130	0. 65
D^2	11. 1903 ***	3. 53	1. 6992	0. 44	16. 4093 **	2. 29	− 3. 7363	− 0. 65
S	− 0. 3572 ***	− 2. 61	− 0. 1110	− 0. 68	0. 1849	0. 95	− 0. 0493	− 0. 40

变量	东部地区		中部地区		西部地区		东北地区	
	系数	t 值	系数	t 值	系数	t 值	系数	t 值
S^2	0.0640	1.59	− 0.0024	− 0.05	− 0.1109	− 1.44	0.0122	0.41
$D \times S$	0.9547 ***	2.73	0.5087	1.14	0.8539	1.34	0.1343	0.34
cons	1.1466 ***	4.19	0.2480	0.93	0.5805 *	1.83	− 0.1616	− 0.62
F 值	4.20 ***		0.35		2.00 *		0.58	
R − sq	0.0082		0.0026		0.0173		0.0154	

注：*、**、*** 分别表示在10%、5%和1%水平显著。

3. GPS 第三步估计结果

第三步估计以第二步估计系数为前提，将公司治理指数由低到高的百分位数相应划分 5 个子区间，在每个子区间估计出公司治理对技术资本投资的因果效应。将不同取值下因果效应连接起来，就得到在整个区间内公司治理与技术资本投资的因果效应大小与函数关系图。下面分别给出了全样本、国有、非国有及不同区域下进行公司治理对企业技术资本投资之间的因果效应函数关系图。每个函数关系图中的上线代表广义倾向得分匹配估计函数的 95% 的置信上限和 95% 的置信下限，中间的实线为 GPS 估计函数表达的企业公司治理指数对技术资本投资的因果效应函数关系，为本章的关注重点。图 6 – 1 为全样本下不同公司治理水平对企业技术资本投资变化的影响效应。从图 6 – 1 的实线趋势发现，两者之间的因果效应都为正，也就说明公司治理水平正向促进企业内部技术资本投资，表明我国上市公司公司治理水平的提高和改善有助于提高企业技术资本配置水平，前面的理论推导得到验证。因果效应函数曲线整体呈上升趋势，当企业公司治理指数介于 0.2 ~ 0.4 时对企业技术资本投资的促进作用较小，大于 0.4 或小于 0.2 时促进作用更为明显。经分析，根据企业生命周期理论，当企业公司治理指数介于 0.2 ~ 0.4

时，表明企业经过发展初期进入成长期，此时企业急需进行规模扩张、
占据更高的市场份额，由此引发的委托代理问题及各利益相关者之间
的利益分向可能导致公司治理对企业技术资本投资的促进作用放缓。
企业进入成熟期后，各利益相关者经过发展期与成长期后形成了利益
默契，信息不对称程度降低，公司治理对技术资本投资的促进作用有
所提高。

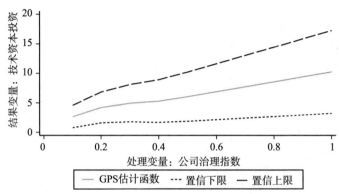

图 6 - 1　全样本下公司治理对技术资本投资的因果效应函数

　　图 6 - 2 给出了国有和非国有企业公司治理水平对技术资本投资影响
的因果效应函数图，通过分析两条实线走势可知，国有及非国有企业下
公司治理均正向促进企业技术资本投资，但国有企业的促进作用较为缓
慢，非国有企业因果效应曲线走势去全样本较为一致，当公司治理指数
介于 0.3 ~ 0.4 时促进作用较为平缓，表明非国有企业在此区间代理冲突
及信息不对称程度更为严重，进而影响企业在此区间内的技术资本配置。
相比非国有企业，国有企业在进行技术资本配置时要更多地受到宏观政
策、非市场化负担及平衡经济发展等的影响，因此公司治理水平对技术
资本投资的影响作用较为缓慢。

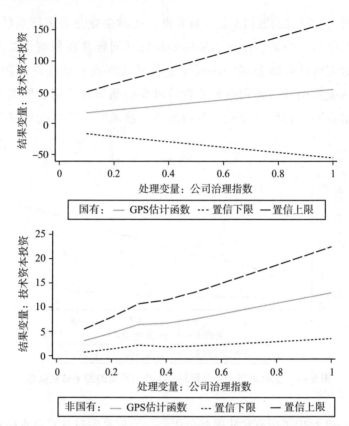

图 6 - 2　不同产权性质下公司治理对技术资本投资的因果效应函数

　　受行政因素及地理位置等影响，我国各地区经济发展水平差异较大，上市公司数量尤其是信息技术业在各地区差异明显，东部地区数量明显高于其他三个地区，下面分别给出了不同区域下公司治理对企业技术资本投资的因果效应函数图。图 6 - 3 为东部地区及西部地区的因果效应函数图，具体分析实现走势可知，东、西部地区公司治理与技术资本投资的因果效应均为正数，表明公司治理水平能够显著增加东、西部地区的技术资本投资，且东部地区走势与全样本及非国有企业较为一致，在 0.3 ~ 0.4 区间内促进作用较为缓慢，其余区间促进作用较为明显。西部地区随着公司治理水平的提高，企业技术资本投资的促进效应不断稳步提升。

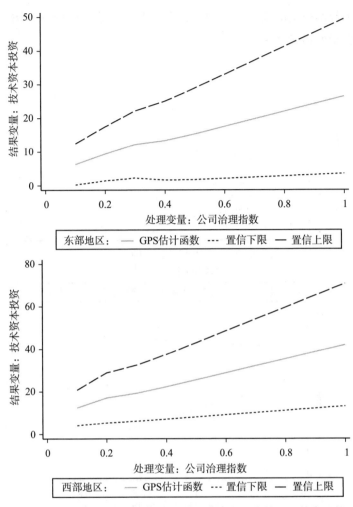

图 6 – 3 东、西部地区公司治理对技术资本投资的因果效应函数

图 6 – 4 为中部地区及东北地区的因果效应函数图，从实线走势可以看出，中部地区公司治理与技术资本投资的因果效应为正，东北地区因果效应为负。中部地区除 0.2 ~ 0.4 区间内促进作用略有下降外，其余区间均呈增长趋势，但相比东、西部地区促进作用较为缓慢；东北地区呈负向影响，与理论分析不符，这可能与东北地区样本量较少有关，误差较大，解释力度较低。整体而言，不同区域下企业公司治理水平的提高有助于增加企业技术资本配置，当公司治理指数大于 0.4 时，企业公司治

理对技术资本投资的促进效应稳步提升，0.4～1 为公司治理影响企业技术资本配置的最优区间。

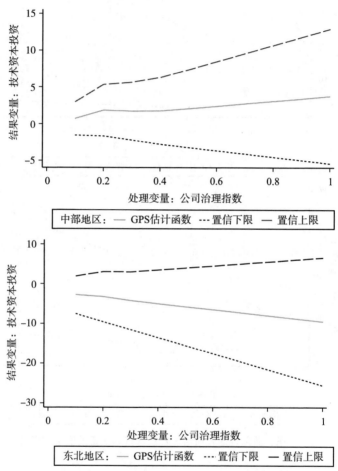

图6-4　中部、东北地区公司治理对技术资本投资的因果效应函数

6.1.4　本节小结

本节基于 2008～2014 年制造业和信息技术业的微观企业数据，通过主成分分析来构建企业内外部公司治理综合指数，并采用 GPS 方法分析了公司治理水平对技术资本投资的影响，通过实证检验得出如下结论：

整体来说我国上市公司公司治理水平的提高和改善有助于企业增加技术资本投资，提高技术资本配置水平；在不同公司治理水平区间下，其对技术资本的促进作用不同，当公司治理指数介于 0.2~0.4 时，促进作用较小，小于 0.2 或大于 0.4 时，促进作用更为明显，且公司治理水平越高，越有利于企业进行技术资本投资。在不同股权性质及不同区域下，除东北地区外，公司治理与企业技术资本投资的因果效应均为正数。国有企业因果效应趋势图更为平缓，非国有企业趋势与全样本较为一致；各地区具体走势略有差异，但公司治理指数大于 0.4 时，均呈现明显的促进作用。

6.2　公司治理与技术资本投资效率的实证研究

信息不对称和代理冲突会引发技术资本投资过度或者不足，公司治理作为微观企业的一种制度安排，能够缓解内外部相关者的信息不对称和利益冲突。当企业治理水平提高，可以通过降低融资约束和代理问题提高技术资本配置效率。现有研究均通过考察内部治理结构的某一变量与技术资本投资或效率的影响，是否有其他因素也影响技术资本投资效率？已有研究表明，制度环境等外部治理机制也会影响经济发展和微观企业的投资效率。因此，内部治理结构和外部治理环境必然会同时作用于技术资本的投资效率。上面研究表明，公司治理水平越高，企业技术资本投资支出越高，那么公司治理可能会导致技术资本投资支出超过其最优边界，技术资本投资效率也会因为公司治理受到损失。如果技术资本投资效率因为公司治理的原因遭受损失，那么损失的技术资本投资效率是多少？在不同产权性质和区域下，各种治理变量对公司治理及其未来不确定性有何影响？这些问题也是非常重要的问题。本部分将运用改进的异质性随机边界模型从内部治理结构和外部治理机制两个角度围绕上述问题展开研究。

6.2.1 理论分析和研究假设

随着资本市场和相关制度的不断提高与完善，公司治理逐渐成为运营效率的衡量标准之一，越来越多地受到相关学者的关注。内部治理因素大多以两职合一、董事会规模等内部因素为主，外部治理环境也构成经济交易行为的激励机制，能够对企业行为产生深刻影响（李延喜、陈克兢，2014）[179]。

董事长与总经理作为现代公司制企业最为重要的两个职务，两职合一或两职分离对企业内部治理及治理效率有着重要影响。根据现代管家理论，两职合一使得企业领导权更为集中，使得企业能够及时应对市场环境及市场需求的变化，降低信息传递成本。委托代理理论则更为支持两职分离观点（李建标、李帅琦等，2016）[180]，认为拥有决策权的经理人具有信息优势，作为追求自身利益最大化的理性人，经理人有动机利用企业资源实现自身利益最大化。当企业董事长与总经理职位两职合一时，领导者拥有企业领导权与经营权，导致董事会地位居于管理层之下，弱化了董事会对企业管理层的监督力度，管理层进行机会主义行为的可能性加大，可能导致企业内部治理水平降低。相比较实行两职合一的企业，两职分离企业的董事会可根据经理人的经营业绩进行监督及奖惩，最大限度地降低经理人寻租行为或机会主义倾向，提高企业内部治理水平。此外，就企业长远发展而言，董事长与总经理职务分离有利于发挥各自职务优势、各司其职，有利于企业监督机构有效发挥监督作用，进而规范企业内部治理结构，降低企业未来公司治理的不确定性。基于上述分析，提出第一个假设。

假设6-1：两职合一能够降低企业公司治理水平，增加企业未来公司治理的不确定性。

苏顺海、李小健（2014）通过 DEA 构建上市公司治理效率值，发现一股独大不利于企业公司治理效率的提高，应保持适当的股权集中度，且董事会持股比例显著正向影响企业公司治理效率[181]。第一大股东股权比例越大，股权越趋于集中，削弱了股东之间的制衡作用，容易出现一股独大的现象，可能会侵害中小股东的利益。在信息不对称下，大股东与中小股东的信息来源渠道不同，两者可能会出现利益冲突，对于市场环境与企业发展的不同判断容易导致企业内部运营效率降低，不利于内部治理水平提高。董事会对提高治理和运营效率都起着至关重要的作用，对董事会成员进行适当的股权激励或增加董事会持股比例有利于将个人与企业进行利益绑定，能够增加其对管理层的监督力度，最大限度地调动董事会成员参与公司治理与决策的积极性（何建国、张欣等，2011）[182]。

假设6-2：第一大股东持股比例与企业公司治理水平负相关，与企业未来公司治理的不确定性正相关。

假设6-3：董事会持股比例与企业公司治理水平正相关，与企业未来公司治理的不确定性负相关。

除第一大股东及董事会持股外，董事会结构的合理性也会对内部治理产生影响。独立董事制度要求其独立于公司股东并对公司事务作出独立判断，理想状态下，独立董事能够缓解股东与经理人之间的代理冲突，独立董事占比越多，越能够提高董事会的有效性及治理效率。苏顺海、李小健（2014）通过实证检验发现独立董事制度具有两面性，在充分发挥监督作用优化董事会结构的同时，由于受到信息、激励等因素影响会降低企业治理效率[181]。鉴于我国独立董事制度起步较晚，上市公司对独立董事的重视程度普遍偏低，再加之激励机制的不完善，可能导致独立董事参与公司治理的积极性降低，独立董事未能发挥原有的预期。随着未来独立董事制度的不断健全和有效，独立董事可能会对未来公司治理产生较大影响，会提高未来公司治理的有效性。为进一步完善公司治理机制，《上市公司治理准则》要求上市公司董事会下设立四委（许江波、朱琳琳，2011），即提名、战略、审计、薪酬与考核委员会，主要负责对董事及经理人员进行资格及业绩审查、对重大投融资项目进行研究等[183]。科学合理的四委设立能够增强其对企业运营与内部控制的监督力度，一定程度上促进内部治理水平的提高。基于上述分析，提出如下假设：

假设6-4：独立董事占比对公司治理无显著影响，但可以降低公司治理未来不确定性。

假设6-5：四委设置齐全与公司治理水平正相关，与未来公司治理的不确定性负相关。

不同股权性质的企业及债权人治理也可能会对公司治理产生影响。鉴于国情的特殊性，国有企业与非国有企业在经营目标、战略选择及投资行为等方面都存在较大差异。相比非国有企业，国有企业经理人更为关注其政治前途而非单一经济利益，容易出现短视行为及道德风险，经理人为实现自己的政治目标，可能会在企业内部形成"利益集团"，降低企业内部治理水平。股权融资与债权融资是企业最为常见的融资方式，股东与债权人作为最主要的利益相关者以不同的方式参与到公司治理当中。相比股东而言，债权人更为关注企业的短期利益及财务指标，而对董事会结构、股东持股等问题的关注度较低。当企业资产负债率较高时，债权人为避免利益受到侵害，会加强对经理人及企业投资行为的监督力度，以外部投资者的身份参与到公司治理当中，规范内部治理结构。随着资产负债率越来越高未来公司破产风险越高，公司在面对破产风险时，公司治理的未来不确定性越强。基于上述分析，提出如下假设：

假设6-6：国有企业与公司治理水平负相关，与未来公司治理的不确定性正相关。

假设6-7：资产负债率与公司治理水平正相关，与未来公司治理的不确定性正相关。

鉴于我国资本市场起步较晚，与发达国家相比证券市场尚不成熟，再加之国情的特殊性，有必要对公司所处的外部环境进行分析，以探究外部环境对公司治理的影响。参照王小鲁、樊纲等人编制的《中国分省份市场化指数报告（2016）》，将其中反映市场化指数的政府与市场的关系、市场中介组织的发育和市场的法制环境这两个指标作为考察公司外部治理环境的衡量因素，实证检验其对公司治理的影响。政府干预使得公司治理带有一定的行政目的，担负更多的政策性负担，为迎合政府要求可能会出现过度投资、进行盈余管理等有损企业价值最大化的行为，不利于公司治理结构的改善。政府干预程度越低，公司透明度越高，越有利于缓解信息不对称所导致的代理冲突问题，使得股东与管理者之间的利益分歧程度降低，进而调动了经理人提高公司治理水平的积极性（高雷、宋顺林，2007）[184]。此外，政府干预的降低推动了我国市场化进程，市场化程度越高越有利于企业降低交易成本、增加企业现金流，进而间接缓解了企业的融资约束程度、提高公司治理的有效性。林勇、连洪泉（2009）发现外部治理环境中法制化水平能够显著提升企业价值，法律制度越完善，法律对企业经营的约束作用越明显，降低了其通过利用法律空隙打擦边球的概率[185]。健全的投资者保护法律能够提高企业会计信息的合法性与透明度，降低企业内部盈余管理等舞弊现象发生的可能性。此外，会计师事务所、律师事务所等中介服务组织的完善能够加强对企业会计信息质量及经理人投资行为的监督，降低经理人机会主义倾向，对公司治理的改善也有一定的促进作用。基于上述分析，提出如下假设：

假设 6 - 8：政府与市场评分越高，公司治理水平越高，未来公司治理的不确定性程度越低。

假设 6 - 9：市场中介组织的不断健全及法律制度环境的改善能够提高公司治理水平，降低其未来公司治理的不确定性。

6.2.2　改进的异质性随机前沿模型

在市场无摩擦假设下，技术资本投资取决于投资机会 Q_{it}（Hayashi，1982）[168]，最优技术资本投资支出可以设定为：

$$TC_{it}^* = \beta_0 + (1/\alpha)Q_{it} + \varepsilon_{it} \qquad (6-7)$$

其中，TC_{it} 为技术资本投资支出，（$1/\alpha$）为技术资本调整系数，Q_{it} 为投资机会，ν_{it} 为随机干扰项，$\varepsilon_{it} = u_{it} + v_{it}$。在经济学中，经常估计生产函数或成本函数。在生产函数中，往往公司达不到最大产出的前沿（frontier），会存在一个无效率项使得公司的实际产出低于最大的产出前沿。随机前沿模型往往也可以用于估计成本函数，存在给定成本情况下的产出最大化问题，其对应的也即是给定产出情况下的成本最小化问题。鉴于代理问题的存在，而公司治理可以作为衡量代理成本的估算变量（苏冶、连玉君，2011）[12]，使得企业会构建"企业帝国"，谋求在职消费和职权支配，过度投资技术资本。在引入公司治理变量后，与第五章第二节的异质性随机前沿模型中减去融资约束的影响不同，本部分改进的异质性随机前沿模型是在模型（6-7）的基础上加上公司治理的变量 $F(z_{it})$，异质性随机前沿模型便由生产函数转变为成本函数形式。根据昆寇和沙勒（Chrinko and Schaller，1995）的投资模型[186]进行描述：

$$TC_{it} = \beta_0 + (1/\alpha)Q_{it} + F(z_{it}) + v_{it} \qquad (6-8)$$

其中，由于公司治理会受到内外部治理变量的影响，故将 $F(z_{ij})$ 设定为一系列反映公司治理特征的各种变量 z_{ij} 的非线性函数。令 $u_{it} = F(z_{it})$，便得到上述模型（6-8）的形式。u_{it} 衡量由于公司治理的存在而发生的实际技术资本支出与最优技术资本支出的偏离程度，σ_u^2 表示这种偏离程度的不确定性。

上述两个模型（6-7）和模型（6-8）分别反映不存在治理和存在治理机制下的技术资本投资支出。二者间的关系为：

$$E[TC_{it} \mid Q'_{it}F(z_{it}) = 0] < E[TC_{it} \mid Q'_{it}F(z_{it}) > 0] \qquad (6-9)$$

假设 u_{it} 服从截断型半正态分布，v_{it} 服从均值为零的正态分布，即 $u \sim N^+(\mu, \sigma_u^2)$；$v \sim N(0, \sigma_v^2)$。

同时我们知道，v 和 u 的概率密度函数分别为：

$$f(v) = 1/\sqrt{2\pi}\sigma_v \exp(-v^2/2\sigma_v^2) \qquad (6-10)$$

$$f(u) = 1/\sqrt{2\pi}\sigma_u \Phi(\mu/\sigma_u) \exp(-0.5((u-\mu)/\sigma_u)^2) \qquad (6-11)$$

假设 v 和 u 相互独立，那么 v 和 u 的联合概率密度函数可以设定为：

$$f(v, u) = \frac{1}{2\pi\sigma_v\sigma_u\Phi(\mu/\sigma_u)}\exp\left(-\frac{1}{2}[v^2/\sigma_v^2 + ((u-\mu)/\sigma_u)^2]\right)$$
$$(6-12)$$

由于 $v = \varepsilon - u$，这样将表达式（6-12）直接转换为下式。

$$f(\varepsilon-u, u) = \frac{1}{2\pi\sigma_v\sigma_u\Phi(\mu/\sigma_u)}\exp\left(-\frac{1}{2}\left[\left(\frac{\varepsilon-u}{\sigma_v}\right)^2 + \left(\frac{u-\mu}{\sigma_u}\right)^2\right]\right)$$

表达式可以简化，令 $\mu_* = \dfrac{\mu\sigma_v^2 + \varepsilon\sigma_u^2}{\sigma_v^2 + \sigma_u^2}$; $\sigma_*^2 = \dfrac{\sigma_v^2\sigma_u^2}{\sigma_v^2 + \sigma_u^2}$，所有我们将上式转化为：

$$f(\varepsilon - u,\ u) = \frac{1}{2\pi\sigma_v\sigma_u\Phi(\mu/\sigma_u)}\exp\left(-\frac{1}{2}\left[\left(\frac{u - \mu_*}{\sigma_*}\right)^2 + \frac{(\varepsilon - \mu)^2}{\sigma_v^2 + \sigma_u^2}\right]\right)$$

$$(6-13)$$

因此

$$f(\varepsilon) = \int_0^\infty f(\varepsilon - u,\ u)\,du$$

$$= $$

$$\frac{1}{2\pi\sigma_v\sigma_u\Phi(\mu/\sigma_u)}\exp\left[-\frac{1}{2}\frac{(\varepsilon - \mu)^2}{\sigma_v^2 + \sigma_u^2}\right]\int_0^\infty \exp\left[-\frac{1}{2}\left(\frac{u - \mu_*}{\sigma_*}\right)^2\right]du \quad (6-14)$$

令 $\tilde{u} = \dfrac{u - \mu_*}{\sigma_*}$，则 $\tilde{u} \in \left[-\dfrac{\mu_*}{\sigma_*},\ \infty\right)$, $d\tilde{u} = \dfrac{du}{\sigma_*}$。

因为 $\int_0^\infty \dfrac{1}{\sqrt{2\pi}}\exp\left[-\dfrac{1}{2}\left(\dfrac{u - \mu_*}{\sigma_*}\right)^2\right]du = \int_{-\frac{\mu_*}{\sigma_*}}^\infty \dfrac{1}{\sqrt{2\pi}}\exp\left(-\dfrac{1}{2}\tilde{u}^2\right)\sigma_*\,d\tilde{u} = $

$\sigma_*\Phi\left(\dfrac{\mu_*}{\sigma_*}\right)$，所以 $f(\varepsilon) = \dfrac{1}{\sqrt{2\pi}\sigma_v\sigma_u\Phi\left(\dfrac{\mu}{\sigma_u}\right)}\exp\left[-\dfrac{1}{2}\dfrac{(\varepsilon - \mu)^2}{\sigma_v^2 + \sigma_u^2}\right]\sigma_* = $

$$\frac{\Phi\left(\dfrac{\mu_*}{\sigma_*}\right)\phi\left(\dfrac{\varepsilon - \mu}{\sqrt{\sigma_v^2 + \sigma_u^2}}\right)}{\sqrt{2\pi}\sqrt{\sigma_v^2 + \sigma_u^2}\Phi\left(\dfrac{\mu}{\sigma_u}\right)}$$

$$(6-15)$$

这样可以推导出对数似然函数为：

$$l_i = -\frac{1}{2}\ln(\sigma_v^2 + \sigma_u^2) + \ln\phi\left(\frac{\varepsilon - \mu}{\sqrt{\sigma_v^2 + \sigma_u^2}}\right) + \ln\Phi\left(\frac{\mu_*}{\sigma_*}\right) - \ln\Phi\left(\frac{\mu}{\sigma_u}\right)$$

$$(6-16)$$

由于 $f(u|\varepsilon) = \dfrac{1}{\sqrt{2\pi}\sigma_*\Phi\left(\dfrac{\mu_*}{\sigma_*}\right)}\exp\left[-\dfrac{1}{2}\left(\dfrac{u - \mu_*}{\sigma_*}\right)^2\right]$,

令 $w = \dfrac{u - \mu_*}{\sigma_*}$, $w \in \left[-\dfrac{\mu_*}{\sigma_*},\ \infty\right)$, $dw = \dfrac{du}{\sigma_*}$，则

$$E(u|\varepsilon) = \int_{-\frac{\mu_*}{\sigma_*}}^{\infty} \frac{\mu_* + w\sigma_*}{\sqrt{2\pi}\Phi(\mu_*/\sigma_*)} \exp\left(-\frac{1}{2}w^2\right)dw$$

$$= \mu_* + \frac{\sigma_*}{\Phi(\mu_*/\sigma_*)} \frac{1}{\sqrt{2\pi}} \exp[-0.5(\mu_*/\sigma_*)^2] = \mu_* + \frac{\sigma_*\phi(\mu_*/\sigma_*)}{\Phi(\mu_*/\sigma_*)}$$

$$(6-17)$$

$$E(\exp(u)|\varepsilon) = \int_0^{\infty} \frac{u}{\sqrt{2\pi}\sigma_*\Phi(\mu_*/\sigma_*)} \exp\left[-\frac{1}{2}\left(\frac{u-\mu_*}{\sigma_*}\right)^2 + u\right]du$$

$$= \frac{1}{\sigma_*\Phi(\mu_*/\sigma_*)} \int_0^{\infty} \frac{1}{\sqrt{2\pi}} \exp\left[-\frac{1}{2}\left(\frac{u-\mu_*}{\sigma_*}\right)^2 + u\right]du$$

$$(6-18)$$

由此我们得到偏离最优投资边界的比例为：

$$E(\exp(u)|\varepsilon) = \frac{\exp(0.5\sigma_*^2 + \mu_*)}{\sigma_*} \int_{-\frac{\mu_*}{\sigma_*}-\sigma_*}^{\infty} \frac{\sigma_*}{\sqrt{2\pi}} \exp\left(-\frac{1}{2}z^2\right)dz$$

$$= \exp\left(\frac{1}{2}\sigma_*^2 + \mu_*\right)\frac{\Phi(\mu_*/\sigma_* + \sigma_*)}{\Phi(\mu_*/\sigma_*)} \qquad (6-19)$$

我们知道公司治理导致的技术资本投资非效率具体表现为超出其最优投资边界，也就是技术资本过度投资。式（6-19）得出的结果是大于100%的偏离最优水平的比例。为了得到公司治理导致的技术资本投资效率具体值，我们将式（6-19）通过转化，得到式（6-20）的结果：

$$IEI = 1 - (E(\exp(u)|\varepsilon) - 1) = 2 - E(\exp(u)|\varepsilon) \qquad (6-20)$$

6.2.3 样本、参数与变量

1. 样本来源

在样本选择上，我们选取沪深 A 股 2008～2014 年制造业和信息技术业上市公司为样本，为了得到相关变量的增量数据，我们将 2008 年数据作为差额处理，最后得到 2009～2014 年的面板数据。技术资本数据来源于国泰安数据库中上市公司报表附注的无形资产明细，并逐项手工收集获得。除股东持股数据来源于 CCER 数据库外，其他数据也来自国泰安数据库。我们剔除了 ST 公司，并对异常值进行了处理。

2. 参数与模型

我们用托宾 Q 作为反映未来潜力和投资机会的市场变量。技术资本投资作为投资的一种特殊形式，具有风险大、不确定性强和收益期不稳定等特点，所以可以将托宾 Q 并作为模型（6－7）中 Q_{it} 的代理变量。

对于变量 z_{it}，公司治理受一系列变量影响，在对 z_{it} 设定时，采用 $z_{it} =$ （$SWSL'_{it}$ $LZHY'_{it}$ LEV'_{it} $CR1'_{it}$ $DSHCG'_{it}$ XZ'_{it} $DLDSZB'_{it}$ $ZFSCPF'_{it}$ $ZJFLPF_{it}$），具体变量含义如表 6－7 所示。故在异质性随机前沿模型中，对融资约束不确定性的影响参数也设定为以上 9 个变量。

3. 主要变量及描述性统计

主要变量及描述性统计结果如表 6－7 所示。

表 6－7　　　　　　　　主要变量定义及描述性统计结果

变量	均值	最大值	最小值	标准差	计算方法
TC	0.053	0.488	−0.187	0.154	Δ 技术资本存量/期末无形资产净额
TOBINQ	2.138	12.388	0.594	1.437	公司总市值/资产重置成本
SWSL	0.8612	1	0	0.345	虚拟变量，四会齐全取 1，否则取 0
LZHY	0.183	0.387	0	1	虚拟变量，CEO 是否兼任董事长，如是，取 1，否则取 0
LEV	0.475	0.901	0.174	0.174	期末资产负债率
CR1	33.27	85.23	5.01	13.39	第一大股东持股量/股份总数
DSHCG	5.341	73.12	0	13.03	董事会持股比例
XZ	0.552	1	0	0.497	虚拟变量，国有控股取 1，否则取 0
DLDSZB	0.364	1	0.091	0.058	独立董事数量/董事数量
ZFSCPF	7.09	9.52	1.48	1.29	政府市场评分
ZJFLPF	7.00	4.12	−0.41	16.19	中介法律评分

6.2.4 实证结果及其分析

1. 异质性随机前沿模型检验结果

表6-8和表6-9列示的是全样本下、国有企业和非国有企业、四大区域下的不存在参数约束下的异质性模型检验结果，分别控制了行业效应和年度效应。

表6-8　　　　　　　异质性模型估计及检验结果

变量	全样本		国有企业		非国有企业	
投资函数	系数	Z值	系数	Z值	系数	Z值
LN(TOBINQ)	0.031 **	2.01	0.019 *	1.78	0.043 *	1.79 *
年度效应	控制		控制		控制	
行业	控制		控制		控制	
_cons	- 0.01595 ***	- 5.33	- 0.0158 ***	- 3.74	- 0.0044 ***	- 2.85
公司治理 μ_{it}						
SWSL	0.614	1.41	0.193 *	1.75	0156	1.35
LZHY	3.17 **	2.38	0.2358	0.21	4.474 ***	2.99
LEV	6.478 **	2.01	- 0.944	- 0.34	7.455 ***	3.21
CR1	- 0.104 **	- 2.10	- 0.146 ***	- 2.87	- 0.004	- 0.05
DSHCG	0.221 **	2.02	0.084	0.16	0.788 ***	3.91
ZJFLPF	1.56 ***	2.94	0.760	1.02	2.171 ***	3.86
XZ	- 4.186 **	- 2.51	—	—	—	—
ZFSCPF	0.726 *	1.71	0.683	1.37	4.44 **	2.22
DLDSZB	- 0.149	- 1.05	- 0.016 **	- 2.27	0.303	0.89
_cons	- 11.79	- 1.53	- 21.62 *	- 1.68	- 43.47 **	- 2.01

续表

变量	全样本		国有企业		非国有企业	
投资函数	系数	Z 值	系数	Z 值	系数	Z 值
治理不确定 σ_{it}^2						
SWSL	− 0. 689 **	− 2. 14	− 1. 209 **	− 2. 54	− 0. 359 ***	− 2. 99
LZHY	− 0. 382 ***	− 2. 94	− 0. 392 *	− 1. 68	− 0. 091 ***	− 3. 53
LEV	0. 372 *	1. 74	0. 283	1. 88	1. 822 ***	3. 16
CR1	0. 0086 **	1. 96	0. 010 *	1. 70	− 0. 003	− 0. 47
DSHCG	− 0. 016 ***	− 3. 10	− 0. 083	− 0. 78	− 0. 034 ***	− 4. 24
ZJFLPF	− 0. 128 ***	− 7. 22	− 0. 158 ***	− 7. 26	− 0. 028 *	− 1. 83
XZ	0. 613 ***	4. 42	—	—		
ZFSCPF	− 0. 073 *	− 1. 66	− 0. 0119 *	− 1. 82	− 0. 401 ***	− 5. 45
DLDSZB	− 0. 511 **	2. 02	− 0. 321 *	− 1. 69	− 1. 060 ***	− 3. 71
_cons	− 2. 438 ***	− 4. 37	− 1. 5266 *	− 1. 84	3. 88	4. 21
随机成分 σ_v	− 9. 0179 ***	− 130. 82	− 9. 086 ***	− 97. 20	− 5. 656	− 81. 54
似然值	2810. 68		1538. 1166		738. 60881	

注：* 、** 、*** 分别表示在10%、5%和1%水平显著。

表 6 – 9　　　　　分地区异质性模型估计及检验结果

变量	东部地区		中部地区		西部地区		东北地区	
投资函数	系数	Z 值	系数	Z 值	系数	Z 值	系数	Z 值
LN（TOBINQ）	0. 014 *	1. 67	0. 008	0. 04	0. 029 ***	3. 91	0. 025 *	1. 68
年度效应	控制		控制		控制		控制	
行业	控制		控制		控制		控制	
_cons	− 0. 017 ***	− 4. 00	− 0. 01 **	− 2. 30	− 0. 21 ***	− 4. 32	− 0. 038 ***	− 2. 70

变量	东部地区		中部地区		西部地区		东北地区	
公司治理 μ_{it}								
swsl	1. 534 *	1. 65	0. 22	0. 87	− 0. 74	− 1. 07	− 0. 647	− 0. 28
lzhy	− 10. 66 *	− 1. 69	0. 174 **	2. 02	3. 257 ***	3. 45	0. 182	0. 09
lev	7. 598 *	1. 70	2. 547 **	2. 39	0. 195	0. 57	14. 99 ***	2. 99
CR1	− 0. 0005	− 0. 01	− 0. 039 ***	− 3. 20	− 0. 179 **	− 2. 16	− 0. 212	− 1. 56
dshcg	0. 45 *	1. 86	0. 027 **	2. 03	0. 378 **	2. 15	1. 068 ***	2. 82
zjflpf	1. 123 *	1. 88	0. 319 ***	2. 90	1. 9548	1. 42	0. 764 ***	3. 01
xz	− 0. 178	− 0. 77	− 0. 51 **	− 2. 48	− 1. 56 **	− 2. 01	− 6. 57 **	− 2. 12
zfscpf	0. 361 *	1. 76	0. 246 *	1. 83	2. 601	1. 25	0. 836 **	2. 12
dldszb	− 0. 119	− 1. 55	− 0. 703	− 1. 31	− 1. 078 *	− 1. 83	− 1. 537 *	− 1. 86
_cons	− 35. 121 *	− 1. 81	− 8. 601 ***	− 3. 77	− 5. 169 ***	− 5. 23	19. 462 ***	3. 08
不确定性 σ_{it}^2								
swsl	− 0. 143 *	− 1. 76	− 0. 732 **	− 2. 18	− 1. 414 **	− 2. 26	− 0. 016	− 0. 10
lzhy	0. 465 *	1. 84	− 0. 92 **	− 2. 32	− 0. 184	− 1. 71	− 0. 31 *	− 1. 77
lev	0. 776 **	2. 17	0. 191	0. 21	0. 8744 *	1. 73	− 0. 003	− 0. 09
CR1	− 0. 0001	− 0. 02	0. 024 ***	3. 08	0. 083 ***	8. 33	0. 020 ***	3. 63
dshcg	− 0. 025 ***	− 4. 87	− 0. 034 **	− 2. 07	− 0. 069 ***	− 2. 84	0. 046	1. 54
zjflpf	− 0. 048 ***	− 2. 85	− 0. 325 ***	− 4. 56	− 0. 473 ***	− 3. 40	− 0. 034 **	− 1. 98
xz	0. 989 ***	4. 45	0. 431 *	1. 78	0. 384 *	1. 81	1. 274 ***	3. 10
zfscpf	− 0. 010 *	− 1. 71	− 0. 249 *	− 1. 91	− 0. 059 ***	− 2. 85	0. 096	1. 32
dldszb	− 0. 509 *	− 1. 80	− 1. 937 ***	− 2. 88	− 0. 943 *	− 1. 83	− 0. 04	− 1. 14
_cons	0. 436	0. 42	− 1. 819	− 1. 49	0. 865	1. 19	− 1. 36 *	− 1. 92
随机成分 σ_v	− 8. 804 ***	− 88. 76	− 9. 247 ***	− 74. 83	− 6. 723 ***	− 45. 83	− 5. 339 ***	− 87. 26
似然值	1471. 904		729. 19394		307. 506		845. 05881	

注：*、** 和 *** 分别表示在10%、5%和1%水平显著。

在全样本下，两职合一正向影响企业内部治理水平，负向影响企业未来公司治理的不确定性，分别通过了 5% 和 1% 的显著性检验，表明我国上市公司两职合一有利于提高企业内部治理水平，降低企业未来公司治理的不确定性，这与假设 6 - 1 不符。对样本按照股权性质分组可知，国有企业与非国有企业结果具有一定差异。国有企业两职合一对企业公司治理水平无显著影响，非国有企业两职合一对企业当前公司治理水平的影响显著正相关。国有企业两职合一对公司治理水平无显著影响的原因可能在于国有企业董事长和总经理均为直接任命方式，此时二者均受同一方领导，二者合一或分离，企业重要决策可能都需要受到控制方的影响。所以两职合一对公司治理的影响不大。同时，我们认为任何制度的演进都与所处的宏观制度环境及文化环境息息相关。一直以来，我国企业文化长期以来受集权化意识的影响，当企业实行两职合一时，企业领导核心具有唯一性，领导者对企业的权利意识和责任意识更强，个人利益与企业利益更趋一致，降低了信息传递成本及代理成本。尤其对处于成长期阶段的企业而言，大多数企业规模较小，两职合一能够降低企业运营成本、提高企业的运营效率，进而提高企业内部治理水平，降低公司治理未来的不确定性。将全样本按产权分组后，发现东部地区企业两职合一会降低企业公司治理水平，且会提高企业公司治理的未来不确定性，这个结果与假设 6 - 1 一致。这是因为我国东部地区公司治理水平相对较高，经济发展相对较好，企业制度、外部环境等与中西部地区有较大的差异。东部地区更为符合委托代理理论，代理理论认为两职分离会使得企业董事会可以监督经理层，最大限度地降低管理层的寻租行为，提高公司治理的水平。同时两职分离从长期看，有利于董事长和管理层各司其职，规范企业公司治理结构，会降低企业公司治理未来不确定性。那么在东部地区，两职合一会降低公司治理水平，提高公司治理水平的未来不确定性。中部地区和西部地区的检验结果和全样本的结果一样，可能在于中西部地区经济、环境和制度等方面与东部地区有一定的差距，两职合一更有利于权力的集中，集中于集权可能能提高公司的管理水平，但是从长远来看，两职分离是大势所趋，一直采用两职合一，肯定会降低未来公司治理的不确定性。

全样本下第一大股东持股比例负向影响公司治理水平，正向影响企业未来公司治理的不确定性，均通过了 5% 的显著性检验，假设 6 - 2 得到验证。同样的结果也出现在国有企业、中部地区和西部地区中。但是在非国有企业和东部地区样本中，第一大股东持股比例对公司治理水平和公司治理未来不确定性均不存在显著影响。而东北地区第一大股东持股对公司治理水平无显著影响，但是会加剧公司治理未来不确定性。东部地区和国有企业不符合假设的原因可能在于东部地区和非国有企业经济活力较强，机制较为完善，第一大股东持股与公司治理没有显著关系。

董事会持股比例与公司治理水平显著正相关，且与公司治理水平未来不确定性显著负相关。假设 6 - 3 得到了验证。在对样本进行分组的情况下，国有企业董事会持股比例与公司治理及公司治理未来不确定性均不存在显著关系。但是非国有企业董事会持股比例的检验结果和全样本下的结果一直，即表现为在非国有企业中，董事会持股比例与公司治理显著正相关，与公司治理未来不确定性显著负相关，即在非国有企业中，董事会持股比例会提高公司治理水平，也会降低公司治理的未来不确定性。按产权分组后，发现董事会持股比例在各区域间的结果差异不大，四大区域董事会股权比例和公司治理大多表现为显著正相关，除东北地区董事会股权比例和公司治理未来不确定性无显著关系外，其余地区二者呈现显著负相关。假设 6 - 3 在各区域基本得到验证。东北地区董事会持股比例与公司治理未来不确定性无显著相关关系的原因可能在于该地区上市公司属于国有性质的比例较大，所以表现为国有企业组的二者的关系。

全样本下，独立董事占比对公司治理无显著影响，但对公司治理未来不确定性显著负相关。这和假设 6 - 4 一致。其原因可能在于独立董事是西方引进的一种治理制度，目的是在董事会中不少于 1/3 的比例，且与任职的公司没有关系，不具有独立性。但是目前我国上市公司独立董事在履行职责，甚至在任职资格上没有做到真正的独立，导致我国上市公司独立董事没有起到相应的作用。随着政府对独立董事的监管制度的不断完善与健全，独立董事将会减低未来公司治理不确定性。在对全样本按产权进行分组后发现，除国有企业组独立董事会降低当前的公司治理水平外，其余结果与全样本的检验结果一致。究其原因可能在于国有企业在选聘独立董事时，未能保证独立董事的独立性。同时董事会规模基本稳定，独立董事占比较大，就会导致其他履行监督职责的董事人数降低，可能会导致公司治理水平下降。进一步将样本按区域分组后，发现东部地区和中部地区独立董事占比与公司治理水平无显著关系，而西部地区和东北地区会降低公司治理水平。除东北地区独立董事占比与公司治理未来不确定性，其余区域均会降低未来公司治理的不确定性。这个结果可能和区域的经济发展水平、治理机制和效率有关。

在全样本下，四委设立情况对公司治理的影响不显著，但能够有效降低企业未来公司治理的不确定性，假设 6 – 5 得到部分验证。按产权性质分为国有和非国有企业组后，发现国有企业的四委设立情况与公司治理水平显著正相关，而非国有企业组四委设立状况与公司治理水平没有显著关系，但是无论企业股权性质如何，四委设立状况与公司治理未来不确定性显著负相关。进一步将样本按区域分组后发现，东部地区四委设立情况与公司治理水平正相关，且与公司治理未来不确定性显著负相关。同时中部地区、西部地区和东北地区四委设立情况与公司治理水平没有显著关系，但均能显著降低未来公司治理的不确定性。进一步，我们分析产权性质对公司治理和公司治理未来不确定性的影响。在全样本下，国有股权会降低公司治理水平，且会增加公司治理未来不确定性。假设 6 – 6 得到了验证。对全样本按区域进行分组后发现，除东部地区国有产权与当前公司治理水平无显著影响外，其余地区国有股权均会降低当前公司治理水平。东部、中部、西部和东北地区的国有股权均会增加公司治理未来不确定性。

全样本下，资产负债率越高，公司治理水平越高，假设 6 – 7 得到了验证，这也说明，当企业资产负债率越高时，企业债权人治理的程度越深，公司治理水平越高。按产权分组后发现，国有企业资产负债率与当前公司治理水平无显著影响，非国有企业负债率能提高企业的公司治理水平，二者均会提高企业未来公司治理的不确定性。其原因可能是国有企业融资渠道、难度和方式均较非国有企业为优所致。进一步将样本分区域后发现，除西部地区负债率与公司治理水平无显著影响外，其余地区负债率均能提高公司治理水平，对于公司治理未来不确定性，东部地区和西部地区负债率能提高公司治理未来不确定性，而中部地区和东北地区与公司治理未来不确定性无显著影响。

针对外部治理环境的变量政府与市场评分。全样本下，政府与市场评分与公司治理水平显著正相关，与公司治理未来不确定性显著负相关，假设 6-8 得到了验证。这表明政府与市场评分越高，政府参与企业的程度越低，提高了企业的治理水平，且未来公司治理的不确定性越低。在按产权分组的情况下，国有企业政府与市场评分与公司治理无显著关系，其余均与全样本下的检验结果一致。进一步按区域进行分组后发现，除西部地区政府与市场评分与公司治理无显著关系和政府与市场评分与东北地区未来公司治理不确定性无显著影响外，其余结果均与全样本的结果一致。对于市场中介组织的发育和法律制度环境与公司治理和未来不确定性的影响，在全样本下，市场中介组织发育和法律制度环境评分与公司治理显著正相关，而与公司治理未来不确定性显著负相关。假设 6-9 得到了验证。按产权性质分组后，发现中介组织发育和法律制度环境评分与公司治理水平无显著关系外，其余结果均与全样本一致。按区域分组后，除西部地区中介组织发育和法律制度评分与公司治理无显著影响外，其余结果均与全样本一致。其原因可能与区域发展不平衡、国有企业和非国有企业的产权性质差异有关。

2. 技术资本投资效率分析

通过具体测算技术资本投资偏离最优边界的比例来衡量技术资本投资效率。运用改进的异质性随机前沿模型定量测算技术资本投资效率的具体损失值，借于反映由于公司治理导致的技术资本投资的非效率程度。技术资本投资由于公司治理导致的偏离最优边界的程度，并绘制了技术资本投资偏离最优边界的频数图如图 6-5 所示。

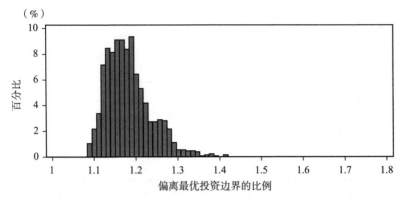

图6-5　技术资本投资支出偏离最优边界的比例

从图6-5发现，技术资本投资偏离最优边界的比例均值为116.85%，表明技术资本由于公司治理的原因使得技术资本投资超出最优边界16.85%，这说明技术资本投资效率损失了16.85%，最终根据模型（6-20）得到由于公司治理的原因，技术资本投资效率（IEI）为83.15%。

为了分析我国微观企业技术资本配置效率近年来由于公司治理的影响的变化趋势，给出了全样本、不同区域和产权性质下的技术资本投资效率时序图，如图6-6所示。图6-6（a）我们将样本按区域分组得到技术资本投资效率的时序。从全样本效率时序可以发现，2009~2014年整体呈现上升趋势，从2011年开始，上升幅度有所提高。将样本按区域分组后发现，东部地区技术资本投资效率时序和全样本时序基本一样，但是投资效率比全样本和其他区域相比较较高。而中部地区、西部地区和东北地区整体也呈现请问上升趋势，整体波动不大。

通过图6-6（b），我们按企业产权性质将样本分为国有和非国有企业组，全样本下的技术资本投资效率走势图介于国有企业与非国有企业之间，非国有企业效率相比国有企业较高。整体而言，国有企业和非国有企业效率时序与全样本时序表现基本一致，均呈现逐步上升的趋势。

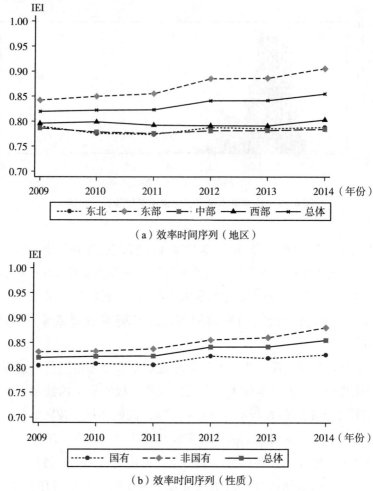

（a）效率时间序列（地区）

（b）效率时间序列（性质）

图 6-6 按产权性质和区域分组的技术资本投资效率时序

6.2.5 本节小结

完美市场假设下，技术资本投资水平处于最优状态。现实的契约不完备和治理机制的不健全，使得技术资本投资效率处于非均衡状态。本章选择 2008~2014 年沪深 A 股制造业和信息技术业上市公司为样本，采用异质性随机前沿模型定量测算技术资本投资效率，并进一步按产权性质和区域分组检验二者之间的关系。得到如下结论。

（1）由于公司治理的因素使得技术资本投资效率为 83.15%。上市公司整体技术资本投资效率呈现稳步上升趋势。将样本按产权性质和区域分组后发现，国有企业技术资本投资效率相比较非国有企业而言较低，东部地区的技术资本投资效率和其他区域相比最高。无论是分产权性质还是区域，均呈现大致上升的技术资本投资效率的时序。

（2）就内部治理结构而言。在全样本下，两职合一、债务率、董事会持股比例与公司治理显著正相关，股权性质为国有、第一大股东持股比例与其显著负相关；同时四委设立、独立董事占比与公司治理水平无显著关系。四委设立齐全、两职合一、董事会持股比例、独立董事占比均会降低未来公司治理的不确定性，而债务率、第一大股东持股比例、股权性质为国有的情况下，会增加未来公司治理的不确定性。在不同的产权性质和区域下，各治理变量与公司治理水平和未来公司治理不确定性有较大差异。

（3）就外部治理机制而言。在全样本下，政府与市场的关系、中介市场和法律市场情况与公司治理水平显著正相关，且二者与未来公司治理的不确定性显著负相关。按产权性质和区域进行分组的情况下，政府与市场的关系、中介市场和法律市场与公司治理和未来公司治理的不确定性有较大差异。

第 7 章

融资约束、公司治理与技术资本投资及其效率

通过本书第 5 章和第 6 章分别单独研究融资约束或公司治理与技术资本投资支出及投资效率的关系发现：融资约束的存在会抑制技术资本投资支出，而随着公司治理水平的提高，技术资本投资支出会随之上升；融资约束会使得技术资本投资支出低于其最优边界，而公司治理的存在会使得技术资本投资支出高于其最优边界，均会使得技术资本投资出现非效率。上面均是单独考察融资约束或公司治理单个变量对技术资本投资支出及其效率的影响。如果将融资约束与公司治理同时纳入一个严格统一的分析框架，技术资本投资及其效率的关系又将如何？公司治理是否能够起到调节融资约束与技术资本投资的负向影响？这些问题也就是本章亟待解决的问题。和上面思路一致，本章分别考察两个问题，一个是将融资约束与公司治理同时纳入分析框架，利用添加交互项的方式，考察公司治理是否具有调节效应；另外一个问题是利用双边随机边界模型，考察融资约束与公司治理同时存在，技术资本投资效率又将如何变化？

7.1　融资约束、公司治理与技术资本
　　 投资支出的实证研究

由于信息不对称或税收等交易费用的存在，市场具有不完备性，当企业内部资金有限，且外部融资成本较高，使得企业放弃净现值为正的投资项目，引发融资约束现象。融资约束的存在，使得企业面临资金匮乏的状态，便会减少技术资本投资支出。但是融资约束并不是导致这一现象的唯一原因，代理问题同样会影响企业的投资。代理问题主要表现为契约的不完备，引发企业剩余控制权和索取权的重新分配，而公司治理就是探讨剩余控制权和索取权的一系列制度安排。这样融资约束和公司治理会共同作用于技术资本的投资支出水平。纵观国内外相关文献，很少将融资约束和公式治理同时纳入分析框架分析二者对技术资本投资的影响，更未发现有检验公司治理对融资约束与技术资本投资支出的调节效应的相关文献，本部分将在这方面做一个检验与探讨。

7.1.1　理论分析与研究假设

国内外学者均认为投资如果面临严重的融资约束，会抑制企业的投资支出。技术资本投资同样受到公司融资约束的影响。相比一般投资，由于技术资本投资具有高度的不确定性，使得资金供需双方之间产生更为严重的信息不对称或信息摩擦，股东与经理层的第一类代理问题可能更为严重，使得企业对投资项目产生分歧，对技术资本投资的意愿更弱。詹森和麦克林（1986）的研究中发现，由于股权分散，中小股东出于交易费用的考虑选择"搭便车"，管理层可能会通过构建"企业帝国"、在职的奢华消费与高薪酬实现自身利益最大化，将资金投入 NPV 为负的投资项目上，引发过度投资[11]。学术界将第二类代理问题归类为大股东和中小股东之间的代理冲突，这类代理问题在技术资本投资活动中也是存

在的，大股东可能出于企业的长期存在和盈利，可能会投资更多的技术资本，增加企业未来的竞争力，而中小股东可能更多地考虑眼前或短期的利益，趋向于更少地投资不确定性高、风险大的技术资本项目，而将资金用于能够发挥短期效应功能的其他项目。上述两类代理问题，均会使得公司进行过度投资，但是有研究表明市场化进程的加快可以在一定程度上抑制上述两类代理问题造成的过度投资现象。由此我们将融资约束和公司治理两个变量共同纳入分析框架，结合第5章和第6章的理论分析和结论，提出如下假设：

假设7-1：融资约束的存在会使得技术资本投资支出减少，融资约束程度越高时，技术资本投资支出的水平越低。

假设7-2：公司治理水平的提高会使得技术资本投资支出上升。

如前所述，技术资本投资支出不仅依赖于企业融资能力，还依赖于企业的公司治理能力。比如，董事会会议越多，一方面表明其参与战略的能力和意愿越强，这样会对经理人产生压力，使得经理层做出正确的投资决策；另一方面，也可以通过会议与经理层进行沟通，集思广益搭建融资渠道，获得外部资金增加企业投资（何强、陈松，2012）[187]。当董事会会议越多时，表明董事会积极监督且财务报告可靠性越强，可靠财务报告可以帮助公司用较低的融资成本来进行融资。所以董事会会议次数对融资约束与技术资本投资的负向影响具有调节效应。股权集中度越高，"隧道挖掘效应"越强，控股股东可能会出于自身利益最大化，侵占中小股东利益，使得外部投资者对公司失去信心，最后原本面临融资约束的公司更难于得到资金，使得技术资本投资越少。股权制衡度越高，股东与股东之间可能会签订一系列契约，相互监督和牵制，尽量避免控制权私人收益，努力采取措施缓解约束，增加企业技术资本投资。同理，高管薪酬对融资约束与研发投资具有调节效应（蔡逸轩，2012）[188]。董事会规模可以降低融资成本，拓宽融资渠道，能有效地缓解企业R&D投资的融资约束（肖作平、陈德胜，2006）[189]。独立董事对融资约束与投资之间的调节效应的相关文献表明，提高独立董事占比能增强董事会的监督能力，一方面可以有效地降低代理成本，缓解企业投资受到融资约束的影响；另一方面，独立董事占比越高，独立董事越可以有效地通过内部沟通渠道解雇业绩不好的高管和降低企业高管的在职高额消费。公司治理水平的提高会使得技术资本投资超过其最优水平，但因为融资约束的存在，会使得融资约束对公司治理与技术资本投资的关系具有调节效应，也即融资约束会抑制公司治理对技术资本投资的正向影响。基于上述分析，我们提出如下假设：

假设 7-3：一般来说，公司治理会缓解融资约束对技术资本投资的负向影响，调节效应为正，即公司治理水平的提高弱化了融资约束对技术资本投资的不利影响。

假设 7-4：融资约束对公司治理与技术资本投资的关系具有调节效应。即融资约束的存在会使得公司治理与技术资本投资的正向关系逐渐减弱。

7.1.2　数据、变量与研究设计

1. 数据来源

技术资本数据来源于国泰安数据库无形资产明细中逐项手工整理获得。由于各行业中除制造业和信息技术业两个行业外，其他行业披露技术资本的公司数量较少，所以选择制造业和信息技术业两个行业为样本，样本区间为 2008~2014 年。其他变量分别来源于国泰安数据库和 CCER 数据库。为了保证结果的可靠性，剔除了 ST 的公司，同时为了避免极端值的影响，进行了 winsorize 处理。

2. 模型设定

本部分包含两个部分：一是利用前面二元 Logistic 方法构建的融资约束指数和主成分分析法构建的公司治理指数来分析融资约束和公司治理对技术资本投资的共同作用及公司治理对融资约束与技术资本投资的调节效应；二是为了克服模型的内生性影响，本章引入技术资本投资的滞后一期作为解释变量，构建动态平衡面板数据，利用系统广义矩估计检验三者之间的关系。为此，建立了如下动态面板数据模型：

$$TC_{i,t} = \beta_0 + \beta_1 TC_{i,t-1} + \beta_2 FCI_{i,t} + \beta_3 CGI_{it}$$
$$+ \beta_4 FCI_{it} \times CGI_{it} + YEAR_{i,t} + HY_{i,t} + \varepsilon_{it} \qquad (7-1)$$

其中，$TC_{i,t}$ 为技术资本投资，$TC_{i,t-1}$ 为技术资本投资的滞后一期，$FCI_{i,t}$ 为第 5 章利用二元 logistic 构建的融资约束指数，CGI_{it} 为前面利用主成分法构建公司治理指数，$FCI_{it} \times CGI_{it}$ 为融资约束指数和公司治理指数的交互项，主要用于分析是否具有调节效应，$YEAR_{i,t}$ 为年份的控制变量，$HY_{i,t}$ 为行业的控制变量，ε_{it} 为随机干扰项。为了检验工具变量的有效性，我们也进行了序列相关的 AR 检验和过度识别的 Sargan 检验。Sargan 检验一般检验工具变量是否有效，AR 检验主要是允许残差一阶序列相关，而不允许二阶序列相关。

3. 变量定义与描述性统计

主要变量描述性统计表如表 7-1 所示。

表 7-1　　　　　　　　　　　　主要变量描述性统计表

变量	均值	最大值	最小值	标准差	定义
TC_{it}	0.047	0.493	-0.178	0.1429	Δ 技术资本存量/期末无形资产净额
FCI_{it}	0.4585	1	0	0.352	利用二元 Logistics 构建的融资约束指数
CGI_{it}	0.2671	0.4943	0.1302	0.0904	利用主成分法构建的公司治理指数
$FCI_{it} \times CGI_{it}$	0.152	0.4534	0	0.6037	融资约束与公司治理的交互项

注：*、** 和 *** 分别表示在 10%、5% 和 1% 水平显著。

7.1.3　实证分析与结果

1. 全样本下公司治理对融资约束与技术资本投资的调节效应

表 7-2 分别给出了全样本、国有和非国有企业动态平衡面板的检验

结果，结果发现：在全样本下，融资约束与技术资本投资在 1% 的显著性水平下负相关，表明融资约束会抑制技术资本投资，这个结果与第 5 章的检验结果一致，在加入公司治理变量、融资约束与公司治理交互项后这个结果也比较稳健。这表明企业随着融资约束程度的加强，技术资本投资支出随之减少。同时我们还发现公司治理与技术资本投资支出显著正相关，结果和第 6 章通过广义趋向得分匹配（GPS）的检验结果的图形走势具有一致性，这表明随着公司治理水平的提高，企业技术资本投资支出会随之增加。在模型中加入交互项后，发现交互项的系数在 10% 的显著性水平下通过了检验。表明公司治理对融资约束与技术资本投资的关系具有调节效应，从交互项的系数符号为正表明，公司治理可以抑制融资约束对技术资本投资的负向影响。

表 7 - 2　　　　全样本和按产权性质分组动态面板模型检验结果

变量	全样本			国有			非国有		
	系数	Z 值	P 值	系数	Z 值	P 值	系数	Z 值	P 值
$TC_{i,t-1}$	- 0.0737	- 879.82	0.000	0.0217 ***	40.68	0.000	- 0.0749 ***	- 422.28	0.000
FCI_{it}	- 2.837 ***	- 3.31	0.001	- 0.197	- 1.34	0.181	- 9.29 ***	- 8.54	0.000
CGI_{it}	11.749 ***	5.02	0.000	3.251 ***	3.31	0.001	6.609 *	16.67	0.000
$FCI_{it} \times CGI_{it}$	3.055 *	1.68	0.092	- 0.296 *	- 1.93	0.054	11.64 ***	5.25	0.000
年份	控制			控制			控制		
行业	控制			控制			控制		
cons	- 27.364 ***	- 2.97	0.003	- 2.416 ***	- 3.78	0.000	- 18.39 ***	- 22.24	0.000
AR（1）	0.0412			0.0503			0.0391		
AR（2）	0.3273			0.3504			0.3596		
Sargan 检验	0.562			0.438			0.635		

注：* 、** 和 *** 分别表示在 10% 、5% 和 1% 水平显著。

究其原因，随着治理水平的提高，企业虽然面临融资约束，但是企业可能会由于治理水平的提高或治理机制的完善，减少其他方面的投资，将这部分投资增加到能提高企业核心竞争力的技术资本投资方面，从而抑制了融资约束对技术资本投资的不利影响。同时我们还对序列相关和Sargan 值进行了检验，发现 AR（1）的 P 值低于 5%，AR（2）和 Sargan 检验的 P 值均超过了 10%，这表明模型动态自回归是合理的，同时工具变量是有效的。假设 7－1、假设 7－2 和假设 7－3 均得到了验证。但从表 7－2 也可以看出，公司治理与技术资本投资的关系显著正相关，融资约束与公司治理二者的交互项显著正相关，这表明融资约束对公司治理与技术资本投资的具有调节效应，但是调节效应与假设 7－4 不符。假设7－4 没有得到验证，符号不符的原因在于对于一般的投资，比如固定资产投资，在进行投资时，融资约束对投资的影响可能更强，公司治理对投资的影响力度相对较弱，但是对于技术资本投资，其具有与一般投资相异之处，技术资本投资在目前技术创新是当今社会主旋律的环境下，无论是政府、企业还是学界均认为技术进步可能是企业未来核心竞争力的所在，公司治理与融资约束相比，对技术资本投资的影响力度更强。所以表现为融资约束对技术资本投资与公司治理的调节效应不显著并且符号不符。

2. 按股权分组后公司治理对融资约束与技术资本投资的调节效应

对样本分组后，发现国有企业组融资约束指数与技术资本投资的相关系数为负，但未通过显著性检验，这表明融资约束对国有企业技术资本投资无显著影响。究其原因，在于我国的企业性质对融资的难度和渠道均有很大影响，当国有性质企业出现融资约束状态时，银行对国有企业不存在"金融歧视"现象及政府出于稳定等影响的财务软约束均可能使得国有企业能在短时间内迅速获得外部融资，所以国有企业融资约束对技术资本投资的抑制作用不明显。公司治理与技术资本投资之间的关系显著正相关，这说明公司治理能够促进企业技术资本投资支出，与前面广义倾向得分匹配（GPS）的结果高度一致。但是从国有企业组的融资约束与公司治理的交互项来看，发现相关系数通过了显著性检验，但是回归系数为负。这表明在国有企业中，融资约束会抑制公司治理对技术资本投资的正向影响。即融资约束的存在会使得公司治理与技术资本投资的正向关系逐渐减弱。所以在国有企业组中假设7-1和假设7-3没有得到验证，假设7-2和假设7-4得到了验证。通过表7-2的非国有企业组的检验结果发现，其结果与全样本的回归结果基本一致，具体表现为融资约束、公司治理与技术资本投资分别呈现显著负相关和显著正相关关系，交互项系数为显著正相关。

3. 按区域分组后公司治理对融资约束与技术资本投资的调节效应

由于我国经济发展一直处于不平衡状态，东部地区发展相对较好，中西部地区和东北地区近年来虽有所发展，但是和东部地区相比，经济、制度和政府服务意识均有很大差异，所以本部分将全样本分为东部地区、中部地区、西部地区和东北地区四个子样本分别进行检验，结果如表7-3所示。

表7-3　　　　　　　　　　分区域动态面板模型检验结果

变量	东部地区	中部地区	西部地区	东北地区
$TC_{i,t-1}$	0.1218 *** （77.54）	-0.0725 *** （-163.12）	0.061 *** （48.05）	-0.1480 *** （-23.22）
FCI_{it}	1.371 （1.58）	-4.136 * （1.82）	-1.033 *** （4.11）	-3.526 *** （3.88）
CGI_{it}	10.68 *** （7.96）	96.289 ** （2.12）	33.409 *** （9.49）	-0.397 （-0.62）
$FCI_{it} \times CGI_{it}$	-4.75 *** （-4.74）	16.34 * （1.72）	0.323 *** （5.23）	0.116 （1.55）
年份	控制	控制	控制	控制
行业	控制	控制	控制	控制

续表

变量	东部地区	中部地区	西部地区	东北地区
cons	-54.88^{***} (-8.52)	-41.11^{*} (-1.76)	-11.97^{***} (-9.47)	-0.1914 (-0.72)
AR（1）	0.0372	0.0254	0.0506	0.140
AR（2）	0.3042	0.3361	0.3602	0.107
Sargan 检验	0.653	0.387	0.482	0.028

注：*、** 和 *** 分别表示在 10%、5% 和 1% 水平显著。

就东部地区样本的结果发现，融资约束与技术资本投资系数为正，但未通过显著性检验，这表明东部地区融资约束与技术资本投资支出不相关。其原因可能在于东部地区经济发达，金融体系也较多，同时上市公司数量也较多，筹资成本低，当企业现金缺乏出现融资约束时，企业可以通过多种其他渠道获得资金，所以表现为东部地区融资约束与技术资本投资之间没有显著的相关关系。公司治理与技术资本显著正相关，公司治理水平越高，企业技术资本投资越多。融资约束与公司治理的交互项显著为正，这表明融资约束会抑制公司治理对技术资本投资的正向影响。

就中部地区和西部地区样本的检验结果可以发现，两个地区的结果与全样本下的检验结果一致。具体而言，表现为融资约束与技术资本投资显著负相关，公司治理与技术资本投资显著正相关，融资约束与公司治理的交互项显著正相关。这说明中部地区和西部地区融资约束会抑制技术资本投资，而公司治理水平的提高会加速技术资本投资的上升，同时公司治理对融资约束与技术资本投资有抑制作用。即公司治理水平的提高弱化了融资约束对技术资本投资的不利影响，调节效应为正。东北地区检验结果表明融资约束与技术资本投资显著负相关，但是公司治理、融资约束与公司治理的交互项均未通过显著性检验，这个结果与前面章节的检验结果有所差异，可能是东北地区样本数量较少的原因。

7.1.4 本节小结

技术资本投资是投资的一种特殊形式，会受到融资约束与公司治理的双重影响，所以将融资约束与公司治理均纳入分析框架中，研究融资约束与公司治理对技术资本投资的影响，并进一步研究公司治理是否对融资约束与技术资本投资之间的关系具有调节效应。通过构建动态非平衡面板数据，利用系统广义矩估计（GMM）解决模型的内生性的影响，得出如下结论：

（1）在全样本下，融资约束与技术资本投资显著负相关，公司治理与技术资本投资显著负相关，二者的交互项显著正相关。即融资约束会抑制上市公司技术资本投资，当公司融资约束程度上升时，企业技术资本投资支出会减少。而公司治理水平的提高会使得企业技术资本投资上升，同时公司治理水平的提高弱化了融资约束对技术资本投资的不利影响，调节效应为正。

（2）在对样本按产权性质分组后检验发现，无论是国有企业还是非国有企业，公司治理均会提高企业技术资本投资支出，提高幅度在非国有企业中表现更为明显。国有企业中，公司融资约束的存在会使得公司治理与技术资本投资的正向关系逐渐减弱。而非国有企业组，表现为公司治理水平的提高会弱化融资约束对技术资本投资的不利影响，和全样本结果一致。

（3）将样本分为东部地区、中部地区、西部地区和东北地区发现，东部地区结果和国有企业结果基本一致，即融资约束对国有企业技术资本投资无显著影响，公司治理水平的提高会增加企业技术资本投资融资约束的存在，会抑制公司治理对技术资本投资的正向影响。中西部地区与全样本、非国有企业结果基本一致，即技术资本投资与融资约束负相关，与公司治理正相关，且公司治理水平的提高会弱化融资约束对技术资本投资的不利影响。东北地区结果只表明融资约束会对技术资本投资产生抑制作用，公司治理并不具备调节效应。

7.2 融资约束、公司治理与技术资本
投资效率的实证研究

完美假设下，信息对称、无交易费用，融资方式与企业价值无关，企业价值取决于投资本身，此时存在一个最优的投资水平或投资效率，在最有投资效率或水平下，企业价值最大化。但是，现实情况下，因为信息不对称，当市场非完美时，企业缺乏内部现金流可能会引发融资约束问题，从而引发投资不足（Myers and Majluf，1984）[10]，可能会使得投资效率低于其最优水平。鉴于我国上市公司大多数属于原国有企业转变而来，两权分离现象而形成的委托代理问题更加明显，在监督、激励机制不完善的现状下，代理人会违背投资者的意愿，导致出现偏离最优投资效率的决策。在此情况下，代理冲突所引发的投资过度现象也时有发生，此时将可能导致公司投资效率高于其最优水平。管理层是否进行了非效率投资？其原因是融资约束还是代理冲突？抑或二者共同作用的结果？近年来国内学者（蔡吉甫，2012[190]；张功富，2009[191]；孙菁、周红根，2016[19]）进行了相关研究，得出一系列的研究结论。但大多数学者都是从融资约束对投资效率的角度进行研究，大多忽略公司治理对投资效率的影响，即使有文献提及，也认为二者对投资效率是相互独立的关系。本部分引入双边随机边界模型不仅可以定性地分析融资约束和代理成本对公司技术资本配置效率的影响，而且可以通过该模型定量地测算二者对技术资本投资与其最优投资边界之间不同方向的偏离程度和两种因素相互抵消后的最终的偏离净值，最终得到我国技术资本投资效率在融资约束和公司治理共同作用下的具体效率值。

7.2.1 双边随机边界模型的设定

传统 Q 理论认为在完美市场假设下公司投资行为存在一个由投资机

会决定的最优边界。但是现实中不存在完美市场假设，当公司面临信息不对称时，可能存在由于融资约束引发的投资不足，导致公司实际投资低于最优边界（Myers and Majluf，1984）[10]。另外，公司经理人可能出于控制权私人收益，构建"企业帝国"，引发过度投资，导致公司投资支出超出其最优边界（Jensen，1986）[11]。技术资本投资是典型的企业投资行为，本部分借鉴昆巴卡和派美特（Kumbhakar and Parmeter，2009）提出的双边随机边界模型[192]描述技术资本投资行为。

$$TC_{it} = TC_{it}^* + \varepsilon_{it} = \beta_0 + (1/\alpha) Q_{it} + \varepsilon_{it}, \quad \varepsilon_{it} = \nu_{it} - u_{it} + w_{it} \quad (7-2)$$

其中，TC_{it} 为技术资本投资支出，$(1/\alpha)$ 为技术资本调整系数，Q_{it} 为企业投资机会，ν_{it} 反映不可预测因素的技术资本投资的随机偏离。u_{it} 衡量由于融资约束导致的技术资本投资支出低于最优边界的偏离，w_{it} 反映衡量公司治理导致的技术资本投资支出超出最优边界的偏离，$u_{it} \geq 0$ 和 $w_{it} \geq 0$。虽然 u_{it} 和 w_{it} 可能均为零，成为完美市场假设下的技术资本投资模型，但符合残差 ε_{it} 的期望不一定为零，所以采用普通 OLS 估计结果是有偏的，故本章采用 MLE 进行对式（7-2）进行估计。ν_{it} 为随机干扰项，假设其服从相互独立的正态分布，即 $v_{it} \sim iid. N^+(0, \sigma_{it}^2)$。由于 $u_{it} \geq 0$ 和 $w_{it} \geq 0$，假设其服从指数分布，即：$u_{it} \sim i.i.d. Exp(\sigma_u)$ 和 $w_{it} \sim i.i.d. Exp(\sigma_w)$，最后假设上述三个干扰项互不相干且与自变量不相干，得出下列符合干扰项的密度函数：

$$f(\varepsilon_{it}) = \frac{\exp(\alpha_{it})}{\sigma_u + \sigma_w}\Phi(c_{it}) + \frac{\exp(b_{it})}{\sigma_u + \sigma_w}\int_{-dit}^{\infty}\phi(z)dz = \frac{\exp(\alpha_{it})}{\sigma_u + \sigma_w}\Phi(c_{it})$$

$$+ \frac{\exp(b_{it})}{\sigma_u + \sigma_w}\Phi(b_{it}) \quad (7-3)$$

其中，$\phi(\cdot)$ 和 $\Phi(\cdot)$ 分别为标准分布密度函数和累积概率函数，其余参数将其设定如下：

$$\alpha_{it} = \frac{\varepsilon_{it}}{\sigma_u} + \frac{\sigma_v^2}{2\sigma_u^2}; \quad b_{it} = -\frac{\varepsilon_{it}}{\sigma_w} + \frac{\sigma_w^2}{2\sigma_w^2}; \quad c_{it} = -\left(\frac{\varepsilon_{it}}{\sigma_w} + \frac{\sigma_v}{\sigma_u}\right); \quad d_{it} = \frac{\varepsilon_{it}}{\sigma_w} - \frac{\sigma_v}{\sigma_u}$$

$$(7-4)$$

根据符合残差的分布密度函数构建出 n 个观测值的极大似然估计的对数似然函数：

$$\ln L(X;\theta) = -n\ln(\sigma_u + \sigma_w) + \sum_{i=1}^{n} \ln\left[e^{\alpha i}\Phi(c_i) + e^{bi}\Phi(d_i)\right]$$

$$(7-5)$$

其中，$\theta = [\beta, \sigma_v, \sigma_u, \sigma_w]'$为带估参数。为了得到全部参数的极大似然值，我们最大化了式（7-5）的极大似然估计的对数函数。在获得所有的参数估计值后采用 LR 检验融资约束与公司治理能够影响公司的技术资本投资，LR 检验统计量为：

$$LR = -2[L(H_0) - L(H_1)]$$ $$(7-6)$$

上述 $L(H_0)$ 和 $L(H_1)$ 分别为原假设和备选假设下的对数似然函数值，渐进服从卡方分布，自由度为约束的个数。

本章为了估计融资约束和公司治理分别获得的剩余，得到每家公司 u_{it} 和 w_{it} 的点估计值和条件分布，分别记为：

$$f(u_i \mid \varepsilon_{it}) = \frac{\lambda\exp(-\lambda_{ui})\Phi(u_i/\sigma_v + d_i)}{\Phi(d_i) + \exp(\alpha_i - b_i)\Phi(c_i)} \quad (7-7a)$$

$$f(w_i \mid \varepsilon_{it}) = \frac{\lambda\exp(-\lambda_{wi})\Phi(w_i/\sigma_v + c_i)}{\exp(b_i - \alpha_i)[\Phi(d_i) + \exp(\alpha_i - b_i)\Phi(c_i)]} \quad (7-7b)$$

其中，$\lambda = 1/\sigma u + 1/\sigma_w$。以式（7-7）确定的条件分布为基础，分别得到作用机制中 u_i 和 w_i 的条件期望，给出每家公司的实际技术资本投资和最优技术资本投资水平的相对偏离程度的融资约束和公司治理的估计式。

$$\hat{E}(1 - e^{-ui} \mid \varepsilon) = 1 - \frac{\lambda}{1+\lambda}\frac{\Phi(d_i) + \exp(\alpha_i - b_i)\exp(\sigma_v^2 - \sigma_v c_i)\Phi(c_i - \sigma_v)}{\Phi(d_i) + \exp(\alpha_i - b_i)\Phi(c_i)}$$

$$(7-8a)$$

$$\hat{E}(1 - e^{-wi} \mid \varepsilon) = 1 - \frac{\lambda}{1+\lambda}\frac{\Phi(c_i) + \exp(b_i - a_i)\exp(\sigma_v^2 - \sigma_v c_i)\Phi(c_i - \sigma_v)}{\exp(b_i - \alpha_i)\Phi(c_i)\Phi(d_i) + \exp(a_i - b_i)\Phi(c_i)}$$

$$(7-8b)$$

进一步，我们将融资约束和公司治理两者对技术资本投资的作用机制的净剩余 NS 表示为：

$$NS = \hat{E}(1 - e^{-wi} \mid \varepsilon) - \hat{E}(1 - e^{-ui} \mid \varepsilon) = \hat{E}(e^{-ui} - e^{-wi} \mid \varepsilon) \quad (7-9)$$

最后，我们根据融资约束与公司治理对技术资本的作用机制的净剩余 NS 表示其净偏离度，也即其非效率部分，由此可得到技术资本投资的效率值为：

$$IEI = 1 - NS = 1 - \hat{E}(1 - e^{-wi} \mid \varepsilon) + \hat{E}(1 - e^{-ui} \mid \varepsilon) = 1 - \hat{E}(e^{-ui} - e^{-wi} \mid \varepsilon)$$

$$(7-10)$$

根据连玉君等（2011）阐述，由于参数 σ_u 仅出现在 α_i 和 c_i 中，而 σ_w 仅出现在 b_i 和 d_i 中，均可识别，无须事前假定相对大小，完全由估计结果决定，由此区别于传统的回归方法。

7.2.2　数据、变量与描述性统计

选取沪深 A 股 2008～2014 年制造业和信息技术业上市公司为样本。技术资本数据来源同上面所述，其他数据也来自国泰安数据库。其中，剔除了被 ST 公司。为了避免极端值，对变量均进行了缩尾处理。

鉴于托宾 Q 值是市场指标，可以反映企业未来发展潜力和投资机会。技术资本投资具有回收期长、风险大、收益不确定等特征，所以在选择企业未来投资机会的变量时，托宾 Q 值作为模型 Q_{it} 的代理变量。因为由于融资约束和公司治理具有不同的影响因素，对二者的分布参数进行异质性设定非常重要，借鉴相关文献的做法，我们将其设定为：

$$\sigma_u = \exp(\delta_u) \text{ 和 } \sigma_u = \exp(\delta_u)，\sigma_u = \alpha_0 + \alpha_1 Fci_{it}，\sigma_w = \beta_0 + \beta_1 CGI_{it}$$

$$(7-11)$$

模型的具体变量定义如表 7-4 所示。

表 7-4　　　　　　　　变量设定及描述性统计结果

变量	均值	最大值	最小值	标准差	计算方法
TC	0.053	0.493	-0.172	0.121	Δ技术资本存量/期末无形资产净额
TOBINQ	2.176	12.10	0.613	1.159	公司总市值/资产重置成本
FCI	0.456	1	0	0.321	二元 Logistic 回归的融资约束指数
CGI	0.255	0.438	0.131	0.072	主成分分析构建的公司治理指数

7.2.3 实证检验与结果解释

1. 回归结果

基于双边随机边界模型的检验方法，本节将融资约束和公司治理同时纳入异质性模型中，定量分析二者对技术资本投资效率的影响。表7-5 给出了多种模型设定下的检验结果。模型1采用普通 OLS 回归，模型2~模型5均采用极大似然（MLE）估计方法。从模型1的检验结果来看，技术资本投资取决于公司的未来投资机会，二者在1%的水平下正向相关。模型2对应昆巴卡和派美特设定状况下的同质随机双边边界模型，也就是 σ_u 和 σ_w 不受外生变量的影响。模型3和模型4分别假设融资约束（FCI）和公司治理（CGI）不受外生变量的影响。模型5假设 σ_u 和 σ_w 受到两个外生变量的影响。

表7-5　　　　　　　双边随机边界模型估计及检验结果

变量	模型1	模型2	模型3	模型4	模型5
	OLS	$\delta_u = \alpha_0$ $\delta_w = \beta_0$	$\delta_w = \beta_0$	$\delta_u = \alpha_0$	基本设定
投资函数					
LN(TOBINQ)	0.0409 *** (2.58)	0.00047 *** (3.01)	0.0048 ** (1.98)	0.00084 *** (2.66)	0.0035 *** (2.52)
年度效应	控制	控制	控制	控制	控制
_cons	0.075 *** (3.74)	0.022 *** (4.53)	0.0284 *** (2.88)	0.0521 *** (2.01)	0.0536 *** (2.12)

续表

变量	模型1	模型2	模型3	模型4	模型5
	OLS	$\delta_u = \alpha_0$ $\delta_w = \beta_0$	$\delta_w = \beta_0$	$\delta_u = \alpha_0$	基本设定
融资约束 σ_u					
FCI			0.1458 * (1.78)		0.0353 ** (2.00)
_cons		-2.097 *** (-54.05)	-2.829 (-53.53)	-2.031 *** (-57.46)	-2.106 *** (-58.12)
公司治理 σ_w					
CGI				0.1487 *** (2.73)	0.1892 *** (3.44)
_cons		-2.026 *** (-85.20)	-1.996 *** (-88.52)	-2.023 *** (-83.08)	-2.008 *** (-82.15)
随机成分 σ_v		-15.99 *** (-47.60)	-19.09 *** (-51.72)	-16.14 *** (-66.11)	-15.986 *** (-9.63)
似然值		1008.04	1271.17	1023.37	1054.37
LR1		112.34	-497.030	-136.596	
P值		0.000	1.000	1.000	
LR2			609.375	248.942	55.250
P值			0.000	0.000	0.000

注: * 、** 和 *** 分别表示在10%、5%和1%水平显著。

对表7-5的检验结果进一步分析，各栏均得到相似的检验结果，技术资本投资与企业托宾Q值均显著正相关，这表明技术资本投资属于企业投资的一种特殊形式，也受到企业投资机会的影响，未来企业投资机会越多，技术资本投资额越大。从融资约束指数与公司治理指数分别与 δ_u 和 δ_w 的结果来看，模型 2 ~ 模型 5 的结果均表明融资约束指数越高，企业融资约束程度越强，公司治理指数越高，企业公司治理的水平越高。

2. 方差分解：技术资本投资中模型测度的解释能力

表 7 – 6 给出了技术资本投资影响因素效应的分析结果。我们发现融资约束与公司治理对技术资本投资水平的影响相差不大，相比较而言，公司治理对技术资本投资的影响相对较强。二者对总方差作用机制的因素影响比重达到 91.06%，表明融资约束和公司治理两个因素对技术资本投资的影响占到了绝对比重，这也表明将融资约束和公司治理纳入统一的分析框架并成为技术资本非效率投资行为的内在机理是合理的。在对技术资本投资的总影响中，公司治理对技术资本投资水平的影响比重为 53.15%，而融资约束对技术资本投资水平的影响比重为 46.85%。这表明在技术资本投资支出的形成中，融资约束和公司治理均具有一定的议价作用，但是公司治理的作用更为明显。这和我们的理解有一定的差异，笔者认为，在技术资本投资支出的影响因素中，融资约束的负向议价能力更强，企业进行技术资本投资时可能更加考虑融资约束因素影响。但是最终的检验结果表明公司治理的议价能力更强。经过思考，笔者认为，可能是因为技术资本投资虽属投资的一种方式，但是技术资本投资具有投资周期长、收益不确定、风险大等不同于一般固定资产投资的特点，在目前创新已经在政府和企业达成共识的大背景下，企业要取得核心竞争力必须要加强技术资本投资，在公司治理水平较高的企业，可能在做技术资本投资时不太考虑融资约束因素，更多的是公司治理层的一种博弈的理性选择。

表7-6   议价能力因素技术资本投资效应分析

	变量含义	符号	测度系数
作用机制	随机误差项	σ_v	0.0562
	融资约束	σ_u	0.1228
	公司治理	σ_w	0.1308
方差分解	随机项总方差	$\sigma_v^2 + \sigma_u^2 + \sigma_w^2$	0.0353
	总方差中作用机制因素影响比重	$(\sigma_u^2 + \sigma_w^2)/\sigma_v^2 + \sigma_u^2 + \sigma_w^2$	0.9106
	融资约束影响比重	$\sigma_u^2/\sigma_u^2 + \sigma_w^2$	0.4685
	公司治理影响比重	$\sigma_w^2/\sigma_u^2 + \sigma_w^2$	0.5315

3. 融资约束和公司治理效应的估计结果

本部分研究的重点是为了估算技术资本投资过程中融资约束和公司治理的具体效应，即 $E(u|\varepsilon)$ 和 $E(w|\varepsilon)$，也即上部分模型中的式（7-8a）和式（7-8b），分别表示融资约束和公司治理在各种因素下各自获得的剩余相对于最优技术资本投资变动的百分比。

表7-7是全样本下的估计结果。平均而言，公司治理所获得的剩余将使得技术资本投资支出高于最优水平21.26%，而融资约束剩余使得技术资本投资低于其最优水平11.04%。公司治理和融资约束二者对技术资本投资的净效果造成我国上市公司整体表现为实际技术资本投资超出最优边界10.22%。这个结果和其他文献认为我国的投资整体表现为面临融资约束的结论不一致（张宗益、郑志丹，2012）[173]。笔者认为不一致的原因在于张宗益、郑志丹（2012）研究的对象是上市公司的投资，而本章研究的技术资本投资和企业一般的固定资产等投资有一定的区别，具有金额小、风险大、收益不确定性和提高企业核心竞争力的特点，所以在投资技术资本时可能更多的不是考虑融资约束的存在，治理水平的提高也会增强企业投资技术资本的动机和可能性。

表7－7 作用机制中公司治理与融资约束获得的总剩余

变量	均值（%）	标准差（%）	Q1（%）	Q2（%）	Q3（%）
公司治理：$\hat{E}(1-e^{-w}\mid\varepsilon)$	21.26	7.57	17.73	18.11	20.42
融资约束：$\hat{E}(1-e^{-u}\mid\varepsilon)$	11.04	1.43	10.36	10.54	10.85
净剩余：$\hat{E}(e^{-u}-e^{-w}\mid\varepsilon)$	10.22	7.92	6.99	7.52	9.86

为了更好地描述表7－7中公司治理与融资约束获得剩余的分布特征，从图7－1和图7－2可知，无论是公司治理获得的剩余，还是融资约束获得的剩余，其频数均具有向右拖尾的特点，这就表明只有少数公司的公司治理或融资约束出于强势的议价特征。

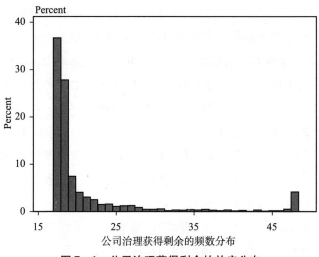

图7－1 公司治理获得剩余的效应分布

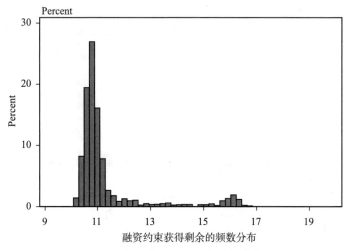

融资约束获得剩余的频数分布

图 7 − 2　融资约束获得剩余的效应分布

4. 技术资本投资效率的测算与分析

上述公司治理获得的剩余和融资约束获得的剩余，均表示二者分别偏离最优边界的百分比，根据异质性前沿模型衡量效率的方式，非效率部分表示的偏离度。从上面可知，公司治理使得技术资本投资超过最优边界 21.26%，而融资约束使得技术资本投资低于最优边界 11.04%，二者的净效应为 10.22%。相关前期文献对技术资本投资效率的分析，主要集中在是否存在非效率投资问题，如利用股权性质来衡量融资约束，检验股权性质与技术资本非效率配置和技术资本非效率配置时由于融资约束抑或导致代理冲突（孙菁，周红根等，2016；李欣先，周红根，2016），仅是通过计量分析检验是否存在非效率配置或非效率配置的原因是融资约束抑或代理冲突，未能定量的测算由于融资约束的存在使得技术资本投资效率具体损失了多少。同时前面通过异质性随机前沿模型单独考察融资约束和公司治理对技术资本投资效率的大小，没有将二者结合起来检验技术资本投资效率的大小。由此我们根据式（7 − 10）来衡量技术资本投资的效率值，如图 7 − 3 所示。

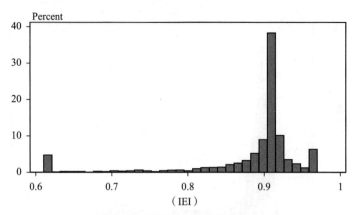

图7-3 技术资本投资效率分布

图7-3绘制了技术资本投资效率频数分布图，整体呈现正态分布的特征，但表现为向左拖尾。从图7-3发现，我国上市公司技术资本投资效率的均值和标准差分别为89.78%和0.079。样本公司的技术资本投资效率指数大多集中在0.610~0.969，表明我国制造业和信息技术业上市公司的技术资本投资效率损失了11%左右。损失值11%的结果与连玉君（2007）和冯根福（2015）测算融资约束导致投资效率损失值（25%左右）有较大差异。测算出来的数值与其他学者的结果不一样的原因在于本章研究的是技术资本投资效率，而其他学者研究对象是投资效率，同时其他学者均只考虑融资约束一个因素对技术资本投资效率的影响，而本部分是将融资约束和公司治理同时纳入双边随机边界模型来考虑投资效率的影响。融资约束会导致技术资本投资效率下降，而公司治理的提高会导致技术资本投资效率的上升，二者同时作用于技术资本投资效率，会使得技术资本偏离度越小，使得技术资本投资效率测算值比其他学者测算的结果越高。

为了描述我国制造业和信息技术业上市公司的技术资本投资效率随时间变化的不同区域和产权性质情况下时序图，我们利用式（7-10）测算具体效率值，并按年份的均值进行描述，如图7-4（a）和图7-4（b）所示。样本总体技术资本投资效率在2011年前表现为下降的时序，从2011年以后，投资效率呈现上升的趋势，但是从整个样本区间上来看，总体呈现上升的趋势，2012～2014 年技术资本投资效率总体趋势平稳。

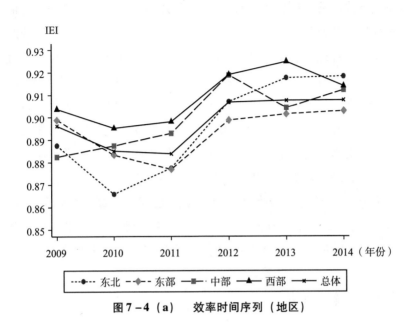

图 7-4（a）　效率时间序列（地区）

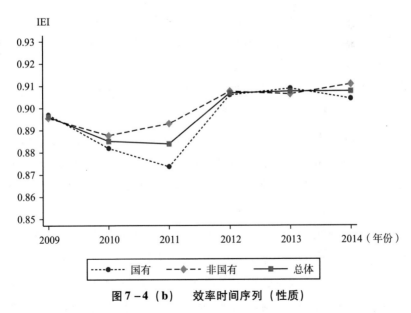

图 7-4（b）　效率时间序列（性质）

从图 7 - 4 (a) 我们发现，东北地区 2009 ~ 2010 年，技术资本投资效率呈现下降趋势，但是从 2010 年后，其效率一直表现为稳步上升的趋势。东部地区和西部地区技术资本投资效率时序整体与样本总体的时序基本一致。中部地区 2009 ~ 2012 年表现为上升的趋势，2013 年呈现轻微下降后再上升的时序。从各区域整体时序来看，均大致呈现上升的趋势。从图 7 - 4 (b) 分企业性质的技术资本投资效率时序图，我们发现国有性质的上市公司和非国有性质的上市公司其技术资本效率时序基本与样本总体的技术资本投资效率时序大致相同，均呈现 2011 年内前下降，2011 年后上升的时序，在 2012 ~ 2014 年相对平稳。就其效率值而言，非国有企业技术资本投资效率总体要比国有企业投资效率高，特别是 2010 ~ 2012 年。但是从 2012 ~ 2013 年，二者的效率大致相当，在 2013 ~ 2014 年，技术资本效率又出现国有企业的效率值与非国有企业出现差异。

7.2.4　本节小结

完美资本市场假设情况下，技术资本投资效率出于最优边界。由于现实中不存在完美资本市场假设，一方面因为我国金融市场的不均衡，使得我国企业，特别是民营企业普遍存在融资约束；另一方面，由于我国公司治理水平近年来有了很大提高，但是还是存在较大程度的代理问题。融资约束与代理问题二者共同造成技术资本投资偏离其最优边界，使得其效率偏离其最优状态。本章分别通过主成分分析法构建公司治理指数、二元 Logistics 法构建融资约束指数，将融资约束和公司治理同时纳入双边随机边界模型，定量测算技术资本的偏离，进而测算出技术资本投资效率。得到的结论有以下几点：

（1）技术资本投资取决于企业投资机会；公司治理指数越高，公司治理水平越高；融资约束指数越大，融资约束程度越大。

（2）就技术资本投资的影响因素而言，公司治理对其的影响比重为 53.15%，融资约束对其影响比重为 46.85%，二者共同结束了技术资本投资影响因素的 91.06%，这个结果对相关投资文献的影响因素、融资因素和代理冲突共同决定投资水平的结论具有一定的解释能力。

（3）融资约束由于其信息不对称，导致技术资本投资低于其最优水平，而因为代理问题的存在，公司治理使得其投资超出其最优水平。具体表现为公司治理所获得的剩余将使得技术资本投资支出高于最优水平21.26%，而融资约束剩余使得技术资本投资低于其最优水平11.04%。公司治理和融资约束二者对技术资本投资的净效果造成我国上市公司整体表现为技术资本配置过度，实际技术资本投资超出最优边界10.22%。

（4）通过测算，技术资本投资效率在89%左右，损失了11%左右。整体而言，技术资本投资效率呈现上升趋势。分区域和产权性质后发现样本总体、东北地区、东部地区、西部地区、国有企业和非国有企业技术资本投资效率时序，东北地区技术资本投资效率表现为先下降后上升的趋势，中部地区表现为先上升，后下降再上升的趋势。国有企业和非国有企业也均表现为先下降后上升的时序。无论从样本整体、分区域还是分产权性质，整体趋势均大致呈现上升的时序。

第 8 章

结论与展望

8.1 主要研究结论与启示

本章以资本理论、投融资理论、产权理论和委托代理等理论为基础，结合技术资本内涵、属性和投资特征，描述了技术资本非效率投资行为的内在机理，运用规范与实证研究相结合，以实证研究为主的研究方法，收集并整理了 2008～2014 年沪深 A 股上市公司的技术资本数据，详细解读了我国技术资本存量分布状况，并分别按行业、区域和产权性质分组进行详细描述。在此基础上，按照省域技术资本分别运用 σ 收敛和 β 收敛对我国技术资本分布状况是否存在敛散性进行了研究。进一步通过系统广义矩估计（GMM）和异质性随机前沿模型，单独检验融资约束对技术资本投资支出及其效率的影响；同时采用广义得分倾向得分匹配（GPS）和改进的异质性随机前沿模型研究公司治理对技术资本投资支出和投资效率的影响；最后将融资约束和公司治理同时纳入统一的分析框架检验二者对技术资本投资支出和投资效率的共同作用和影响。鉴于我国区域经济发展、法律制度环境和产权性质的特殊性，对上述分析均按照国有和非国有，东部地区、中部地区、东北地区和西部地区最新的四大域划分法进行了分组检验。得到的主要结论和启示如下：

（1）技术不同于技术资本，技术只有转化为资本才能创造价值，技术转化为技术资本需要一系列的资本生成机制。财务学上，创造价值的是技术资本而非技术本身，技术要转化为资本需要新兴生产生活方式的孕育、技术积累和产权界定的形成、投入生产和交易的技术资本诞生三个过程。其中，最主要的步骤是产权界定环节，在共享经济、"互联网＋"等新兴商业模式下，技术资本的产权也从所有权逐步向收益权、使用权、处置权等其他权利过渡。与其他投资不同，由于技术资本的增值性、动态性、商品性、外部性、创新性、垄断性、可分离性、时效性、异质性等特点，技术资本投资具有收益期限较长、风险和不确定性较高、沉淀成本和竞争程度高、信息不对称程度高等属性或特征。在技术形成资本形态后，可以更快更有效地创造价值。

（2）由于市场扩容和有效性自愿披露的影响，近年来上市公司对外披露技术资本的公司数量逐年上升。其中，制造业和信息技术业对外披露的公司数量占全行业样本的80％左右。研究还发现，市场"无形之手"在供给侧结构性改革和"新旧动能转换"政策出台之前已经自动调节技术资本在各行业间配置状况，提高了制造业、信息技术业、农林牧渔业等急需技术创新提高核心竞争力和关乎国计民生生产手段相对弱后的行业技术资本配置比例，降低或维持房地产业等过热或夕阳产业的配置比例。

区域经济发展不平衡和制度完善程度不一，导致东部地区技术资本总量和人均技术资本和其他区域相比更大，西部地区和东北地区近年来随着振兴东北和西部大开发的政策实施，已经相对有了较大的成效，其总量和人均技术资本均呈现上升趋势。但是和东部地区相比，差距还是非常大。特别是中部地区的企业，技术资本总量和人均技术资本和东部地区相比有一定的差异，且呈现下降的趋势。这表明中部地区的企业近年来依靠自身的努力和财政转移支付的帮助下，也取得了较快发展，但在东部地区的迅猛发展、振兴东部和西部大开发的政策的三种夹击下，在技术资本优化方面处于不利状况。这需要国家和政府继续推进区域均衡发展和相关制度的完善，解决中部地区技术资本优化问题。

产权性质的差异，带来了相应政策和管理制度的区别，国有企业天然的信贷优势和政策的有力扶持，使得国有企业无论是技术资本总量还是人均技术资本，均比非国有企业为高。但是也发现，国有和非国有企业在技术资本配置方面，也处于你追我赶的竞争状态，国有企业技术资本总体表现为折线形上升趋势，但非国有企业大体表现为稳定地上升趋势，在人均技术资本方面，非国有企业曾经两度与国有企业重叠。这表明，我们应该继续推进混合所有制改革，积极缩小甚至消除国有和非国有企业之间的区别对待，发挥非国有公司的制度优势，实现我国企业整体的技术资本优化。

（3）总体而言，技术资本配置存在省域收敛的趋势。本章对 2008 ~ 2014 年省域人均技术资本的 σ 收敛检验后，发现全国、东部地区、西部地区、中部地区和东北地区，人均技术资本的标准差均整体表现为逐年缩小的趋势，在 2010 年前，部分地区出现发散的趋势，但是 2010 年后，无论是全国，还是分四大区都表现为非常明显的收敛趋势。为了进一步分析我国上市公司人均技术资本的敛散情况，我们还通过 β 条件收敛的检验，发现东部地区和西部地区人均技术资本存在 β 条件收敛、中部地区 β 值为负，存在收敛的迹象，但是未通过显著性水平检验、东北地区 β 值为正，且通过 1% 的显著性水平检验，所以该地区人均技术资本存在发散的趋势。

（4）融资约束存在会在一定程度上抑制企业技术资本投资，减少技术资本投资水平；公司治理水平的提高和改善有助于增加企业技术资本投资，提高技术资本投资水平，且公司治理水平的提高弱化了融资约束对技术资本投资的不利影响，调节效应为正。具体而言，本章通过利用二元 Logistic 回归模型和多元判别构建了融资约束指数。由于信息不对称等原因，我国上市公司的融资约束能够在一定程度上抑制企业技术资本投资，国有企业融资约束对企业技术资本投资的抑制作用不显著，非国有企业融资约束对技术资本投资的抑制作用较为显著。不同区域下融资约束与技术资本投资的方向及显著性差别较大。同时我国企业普遍存在融资约束，技术资本投资支出依赖于企业内部现金流，外部融资更倾向于债权融资而非股权融资。其中，国有企业更依赖于股权融资，非国有企业主要以债权融资为主。东部地区主要以股权融资为主，中、西部地区主要以债权融资为主。通过广义得分倾向匹配（GPS）检验分析，整体来说我国上市公司公司治理水平的提高和改善有助于企业增加技术资本投资，提高技术资本配置水平；在不同公司治理水平区间下，其对技术资本的促进作用不同，当公司治理指数介于 0.2～0.4 时，促进作用较小，小于 0.2 或大于 0.4 时，促进作用更为明显，且公司治理水平越高，越有利于企业进行技术资本投资。在不同股权性质及不同区域下，除东北地区外，公司治理与企业技术资本投资的因果效应均为正数。国有企业因果效应趋势更为平缓，非国有企业趋势与全样本较为一致；各地区具体走势略有差异，但公司治理指数大于 0.4 时，均呈现明显的促进作用。在将融资约束和公司治理同时纳入分析模型构建交互项后发现，不论是国有还是非国有企业，公司治理均会提高企业技术资本投资支出，提高幅度在非国有企业中表现更为明显。国有和东部地区企业中，公司融资约束的存在会使得公司治理与技术资本投资的正向关系逐渐减弱。非国有、中西部地区企业，公司治理水平的提高会使得融资约束与技术资本投资的负相关系减弱。

（5）由于融资约束的影响，技术资本投资效率具体值为 86.77%，融资约束会使得技术资本投资效率逐年下降。其中，国有企业和非国有企业技术资本投资效率成交叉性的你追我赶的局面，东部地区先下降后上升再下降的趋势，总体而言，融资约束使得企业技术资本投资效率表现为下降的趋势；由于公司治理的影响，技术资本投资效率具体值为 83.15%，且公司治理会使得技术资本投资效率上升。其中将样本按产权性质和区域分组后，发现无论是国有、非国有企业，还是东部地区、中部地区、西部地区和东北地区，技术资本投资效率均呈现逐年上升的趋势，东部地区技术资本投资效率依次比西部地区、中部地区和东北地区高，东北地区和西部地区效率基本相当。按产权分组后，相比较非国有企业而言，国有企业技术资本投资效率较低。总的来说，融资约束的存在使得技术资本投资支出低于其最优边界 13.23%，而公司治理的存在会使得技术资本投资支出超出其最优边界 16.75%。

（6）通过构建融资约束指数和公司治理指数，并同时纳入双边随机边界模型后，融资约束由于其信息不对称，导致技术资本投资低于其最优水平，而因为代理问题的存在，公司治理使得其投资超出其最优水平，二者共同对技术资本投资的影响使得其效率具体值为 89.78%，且整体呈现大致的上升的趋势。融资约束与公司治理对技术资本投资水平的影响相差不大，相比较而言，公司治理对技术资本投资的影响相对较强。二者对总方差作用机制的因素影响比重达到 91.06%，表明融资约束和公司治理两个因素对技术资本投资的影响占到了绝对比重。在对技术资本投资的总影响中，公司治理对技术资本投资水平的影响比重为 53.15%，而融资约束对技术资本投资水平的影响比重为 46.85%。具体表现为公司治理所获得的剩余将使得技术资本投资支出高于最优水平 21.26%，而融资约束剩余使得技术资本投资低于其最优水平 11.04%。公司治理和融资约束二者对技术资本投资的净效果造成我国上市公司整体表现为实际技术资本投资超出最优边界 10.22%。这表明，在技术资本投资支出的形成中，融资约束和公司治理均具有一定的议价作用，但是公司治理的作用更为明显。

（7）技术资本投资支出规模取决于企业投资机会（tobinq），未来投资机会越多，企业技术资本投资支出越高。内部现金流虽然可以缓解企业融资约束程度，但对融资约束未来不确定性没有影响。融资约束与资本结构之间存在一定关系，外部股权融资（equi）和外部债权融资（debt）一方面可以缓解上市公司当前的融资约束水平，另一方面也会明显加剧其未来融资约束的不确定性。其中外部债权融资对融资约束的缓解和未来不确定性的加剧程度均比外部股权融资对其二者的影响要大。同时，企业的产权特征和区域差异对企业技术资本投资效率有一定程度的影响。在全样本下，两职合一、债务率、董事会持股比例与公司治理显著正相关，股权性质为国有、第一大股东持股比例与其显著负相关；同时四委设立、独立董事占比与公司治理水平无显著关系。四委设立齐全、两职合一、董事会持股比例、独立董事占比均会降低未来公司治理的不确定性，而债务率、第一大股东持股比例、股权性质为国有的情况下，会增加未来公司治理的不确定性。在不同的产权性质和区域下，各治理变量与公司治理水平和未来公司治理不确定性有较大差异。就外部治理机制而言，在全样本下，政府与市场的关系、中介市场和法律市场情况与公司治理水平显著正相关，且二者与未来公司治理的不确定性显著负相关。按产权性质和区域进行分组的情况下，政府与市场的关系、中介市场和法律市场与公司治理和未来公司治理的不确定性有较大差异。

根据上述研究结论，可以得到如下几点启示：

第一，政府和微观企业需要认识到技术资本的重要性，了解技术创造价值需要将技术转化为资本才能创造价值，而技术转化为资本的途径需要新兴生产或生活方式的孕育、技术的积累、产权界定和投入市场交易等一系列的步骤和程序。现阶段我国上市公司财务报告中技术资本数据披露形式不规范，没有形成在附注中进行有效的披露，导致技术资本数据缺失或者不准确，外部投资者不能较好地了解企业技术资本相关信息，对于资金提供者而言很难做出给予企业技术资本相关的融资行为，所以应该强制性地要求我国上市公司在财务报告中技术资本的披露准确性和规范报告形式，或者继续推进市场化改革，增加资本市场有效性，让市场自主地调节增加市场主体披露技术资本的自愿性。

第二，为了解决区域经济发展不均和国企民企的区别对待等对技术资本投入和投资效率的影响，合理优化技术资本在微观企业资本总额中比例，提高技术资本投资效率，促进企业价值最大化和增加未来核心竞争力。首先，我们应该继续推进供给侧结构性改革和新旧动能转换，增加技术资本在微观企业的资本总额的比例，提高企业技术创新、合作开发、内部研发投入，增加企业技术资本的比重。不同行业技术资本投资应该区别对待，增加国家鼓励类行业或高端产业和关系国计民生的行业技术资本比例，减少夕阳产业等行业技术资本比例。其次，继续推进西部大开发和东北振兴经济计划，均衡中部地区、西部地区、东北地区与东部地区的差距，特别是中部地区的崛起，在区域技术资本中起到非常重要的地位。最后，继续推进混合所有制改革，让国有企业和非国有企业你中有我，我中有你，在政策上努力减少甚至消除不同产权性质的企业在融资、投资、技术创新、税收优惠等方面的区别对待。

第三，建立健全资本市场。技术资本投资的优化和效率的提高，很大程度上取决于融资约束的程度。随着融资约束程度的降低，技术资本投资支出和投资效率的提高都将得到很大的改善。但是融资约束程度的缓解很大程度上取决于资本市场的完善程度。由于我国资本市场的不完善和制度等方面的约束，企业发行公司债券募集资金并不常见，实践中操作性也不强，所以我国企业缺乏资金时主要是通过商业银行贷款的方式进行融资。但是因为不同产权和规模的公司，目前银行等债权人机构在批准贷款时存在区别对待。主要原因可能还是在于产权性质的"金融歧视"现象一直没有得到非常明显的改善，加之银行提供贷款时缺乏统一的信用标准。政府和金融机构应该尽快制定和出台相关制度，力推第三方信用评级，公平对待每一家企业，削弱或消除这种政策上对贷款的不平等或区别对待。在股权融资方面，证监会应该继续对上市公司的股权再融资、增发等一系列的股权融资手段，进一步促进股票市场的完善，使得企业缺乏资金时可以更多地依赖于股权融资。通过资本市场的完善与升级，消除不同产权性质和规模企业融资政策的区别对待，可以很好地解决企业融资约束问题，提高或者优化技术资本投资支出和投资效率。

第四，完善公司治理机制。通过上述结论，我们知道公司治理能够促进技术资本投资支出，提高技术资本投资效率，同时能够缓解融资约束对技术资本投资的不利影响。所以公司治理机制的完善与提高对于技术资本投资及其效率而言至关重要。公司治理一般包含内部治理机制和外部治理环境两个方面，内部治理机制的完善需要在制度上形成一套相互制约或制衡的机制，并有效执行，通过完善董事会、独立董事、监事会、重大事项的决策、股权制衡度等一系列的内部治理机制，从法律等方面保证这些制度的行之有效，特别是股权的分散化对内部治理机制的完善起到决定性作用。而外部治理机制我们可以通过政府与市场的关系，要素市场和法律等中介市场的完善，减少政府对微观企业的参与程度，尽量让市场解决问题。要素市场，包括人力要素市场、资本市场、土地等市场的完善也很重要，特别是技术要素市场的完善，对于技术形成资本起到很重要的作用。最后我们也可以通过发挥债权人的公司治理功能，改善外部治理环境。通过内部治理机制和外部治理环境的改善，技术资本投资和投资效率均会得到很大提高，促进企业价值最大化。

8.2　研究不足与未来展望

以上结论是在原有的经济学和财务学理论的基础上，丰富了现有的理论体系，实践上从融资约束与公司治理的整体分析框架上，分析纯微观企业的技术资本投资及其投资效率问题，给学术界、企业界和政府提供了有益的借鉴和参考。虽然本书在导师和团队研究结论的基础上，并结合自己较长时间对技术资本的研究理解，但受限于目前纯微观技术资本的研究文献较少，特别是技术资本实证方面的文献更为罕见，国外学者的多数技术资本实证文献仅集中在技术资本与宏观经济问题的相关性方面，国内为数不多的微观企业技术资本的实证文献也存在零散、片面、模型内生性问题、技术资本的内涵和测度等问题。故本书受理论资料、数据、模型方法等诸多因素的影响，科学性、可靠性和应用性都有待于进一步考证和完善。本书的研究不足主要有以下几点：

（1）技术资本内涵和测度方面可能还存在争议，需要进一步完善。具体体现在技术资本的内涵、属性和技术资本投资的特征方面的界定还不成熟，财务报告中也没有明确披露技术资本的数据。这给本书的技术资本的内涵、范围和在微观企业中的技术资本的界定范围、代理变量的选择和测度均带来一定的困难。所以本书中技术资本在微观企业中技术资本的内涵、测度的准确性缺乏高度的认同性，是否合理，还有待进一步探讨和研究。但本书也是在前人对技术资本的研究基础上，结合本人对技术资本的理解，尽可能地提出本书的问题，开展一系列的研究工作并得到相应的结论，相信本书的结论会存在一定的局限性，但不会改变本书结果的大的方向。笔者的知识结构、研究资历等还远远不够，在前人研究的基础上提出内涵、属性和技术资本特征和技术资本非效率投资行为的内在机理是否能够经得起推敲，还需要进一步全面论证。我们也希望有更多的学者将技术资本方面的研究纳入其研究视野，期待自己、团队和后来的学者一道对技术的研究进行进一步完善。

（2）在模型方法的选择方面。本书分别选用了系统广义 GMM、广义倾向得分匹配（GPS）、异质性随机边界模型和双边随机边界模型等具体的计量经济学方法，这些方法均能在一定程度上解决所研究问题的互为因果、遗漏变量的内生性问题。虽然本书做了一些关于稳健性的工作，比如在融资约束与技术资本投资方面，运用二元 Logistics 和多元判别法构建融资约束指数，同时将两种方法构建的指数与技术资本投资进行检验，得到的结果没有太大差别；运用不同的方法单独研究融资约束与技术资本投资及其效率、公司治理与技术资本投资及其效率，最后通过构建融资约束和公司治理指数，将二者同时纳入理论模型，在得出更多研究结论的基础上，研究结论没有太大的冲突。但是感觉稳健性问题还没有得到完全解决，这也是本书的研究不足之一。

（3）未能将所研究的结论与企业价值方面进行进一步研究。本书主要是将技术资本纳入融资约束和公司治理的一个统一的分析框架进行研究，从整体角度分别考察融资约束、公司治理与二者共同对技术资本投资及其效率的影响，并得出二者对技术资本投资及其效率的影响。但是限于时间和篇幅，未将研究结论合理衍生到企业价值的影响方面。具体而言技术资本投资和投资效率可能会受到融资约束和公司治理的单个变量的影响，该单个变量与技术资本投资或投资效率的研究也具有一定的意义。任何微观政策和外部环境的改善，均是为了促进企业价值创造，如何合理地将本书的研究更加细微化，并将其与企业价值联系起来，可能效果更好。

针对以上研究不足，在未来的研究过程中，应尝试从以下方面作出拓展：

（1）研究如何将技术资本纳入财务报告进行披露的会计问题。经过本书的研究和写作后，笔者深深地感觉到，微观企业的技术资本的研究，必须要深入地将技术资本的理论、概念、特征和属性、与企业的内在机理等方面的规范研究做深做透。现行的财务报告只将技术资本列示于无形资产明细中，混淆了无形资产与技术资本的区别，技术资本是可测度和可计量的一项报表要素，在财务报告中列示有助于利益相关者进行决策。具体而言，关于技术资本的取得、交易、折旧或摊销、确认、计量和报告的方式需要进一步在准则中加以规范，引导企业自愿披露或强制披露技术资本状况。

（2）技术资本与其他要素资本的关系研究。根据要素资本理论，要素资本包含人力、物质和货币等传统的要素资本，以及技术、知识和信息等新兴资本。在当今社会快速发展、技术创新不断更新换代和商业模式创新日新月异的今天，传统的要素资本还将在相当长的一段时间内发挥重要作用，但是新兴要素资本可能会在经济发展和企业价值增值中发挥越来越重要的作用。如何将传统的要素资本与新兴要素资本紧密联系发挥更大的作用，比如新兴资本与全要素生产率的关系研究、各种资本要素之间的替代关系和程度如何都将是未来的研究课题。

（3）技术资本对其他学科影响研究。比如对经济学中产权的研究，在当今共享经济时代，技术资本可能会参与公司决策或要求剩余索取权和控制权的索取，这就要求将技术资本产权所有人的产权进行界定，包括所有权、使用权、处置权、分配权等各种产权形式的归属做出合理地解释和安排。对管理学中的利益分配和激励机制进行研究，促使技术资本能够更好地融入企业的决策和价值创造中来。进一步，如何利用技术资本进行资本运营、抵押质押、创造价值等方面的研究工作也有一定的意义。

（4）在合理界定技术资本内涵和在微观企业中的范围后，将本书的研究拓展到更为细微的领域或宏观经济领域。比如会计稳健性一方面可能引发融资约束；另一方面可能发挥债务治理功能，所以会计稳健性也会影响技术资本投资和效率，进一步将会计稳健性与技术资本投资联系起来，从更本质的会计原则、会计政策等最基本的会计理论的视角研究会计与技术资本或投资的关系。也可以将技术资本问题衍生到融资方式、董事会治理等内部治理机制和外部治理机制的单变量的研究和对企业价值的作用机理中，从细微之处开始研究，逐步拓展到全局的研究，能更好地把控微观企业对技术资本的作用机制。

参 考 文 献

［1］ Romer，P. M. Increasing Returns and Long Run Growwth. *Journal of Ploitical Economy*，1986，88（3）：69 – 112.

［2］ Lucas，R. E. On the Mechanics of Economic Development. *Journal of Monetary Economics*，1988（22）：91 – 100.

［3］ 王怀庭：《技术资本参与公司治理及其管理创新研究》，中国海洋大学，2014 年。

［4］ 罗福凯、孙菁：《美国技术资本研究文献述评：2000 – 2015》，载《科学管理研究》2016 年第 2 期。

［5］ Ellen R，Mcgrattan，Edward C P. Openness Technology Capital and Development. *Journal of Economic Theory*，2009，144（6）：2458 – 2463.

［6］ Ellen R，Mcgrattan，Edward C P. Technology Capital and the US Current Account. *American Economic Review*，2010（100）：1493 – 1522.

［7］ 罗福凯：《论技术资本：社会经济的第四种资本》，载《山东大学学报（哲学社会科学版)》2014 年第 1 期。

［8］ Jensen，M. C. and W. Meckling，Theory of the Firm：Managerial Behavior，Agency Costs and Ownership Structure. *Journal of Financial Economics*，1976（2）：305 – 360.

［9］ Coase，R. H. The Nature of the Firm. *Economica*，*New Series*，1937，4（16）：386 – 405.

［10］ Myers S. ，Majluf N. . Corporate financing and investment decisions when firms have in formation that investors do not have. *Journal of Financial Economics*，1984（13）：187 – 221.

［11］Jensen, M. C. Agency costs of free cash flow, corporate finance, and takeovers. *American Economic Review*, 1986（76）：323 – 329.

［12］苏冶、连玉君：《中国上市公司代理成本的估算——基于异质性随机前沿模型的经验分析》，载《管理世界》2011 年第 6 期。

［13］Faccio, M. and L. H. P. Lang, "The Ultimate Ownership of Western European Corporations". *Journal of Financial Economics*, 2002（65）：365 – 396.

［14］Claessens, S., S. Djankov and L. H. P. Lang, "The Separation of Ownership and Control in East Asian Corporations". *Journal of Financial Economics*, 2000（58）：81 – 112.

［15］冯根福：《关于健全和完善我国上市公司治理结构几个关键问题的思考》，载《当代经济科学》2001 年第 1 期。

［16］冯根福：《双重委托代理理论：上市公司治理的另一种分析框架》，载《经济研究》2004 年第 12 期。

［17］罗福凯：《技术资本的产权特征与技术进步的路径分析》，载《财务与会计》（理财版）2011 年第 12 期。

［18］许秀梅：《技术资本、人力资本如何提升公司绩效？——来自大样本的多视角分析》，载《科研管理》2017 年第 5 期。

［19］孙菁、周红根、李欣先：《技术资本非效率投资：融资约束抑或代理冲突？——来自我国沪深 A 股制造业上市公司经验证据》，载《经济问题》2016 年第 6 期。

［20］周红根、罗福凯、赵海燕：《融资约束、公司治理与技术资本配置——来自中国高端装备制造业上市公司经验证据》，载《科技管理研究》2015 年第 19 期。

［21］熊彼特：《经济发展理论》，北京出版社 2008 年版。

［22］［美］萨缪尔森，萧琛译：《经济学》，人民邮电出版社 2008 年版。

［23］Solow Robert Merton. A contribution to the theory of economic growth. *Quarterly Journal of Economics*, 1956, 70（1）：65 – 94.

［24］ Stephen H, Lacount E. *Acquiring technology assets：intellectual property due diligence audits*. University of Southern California Fifteenth Annual Computer Law Institute，1994：87 – 92.

［25］ Christensen C, Raynor M. *The Innovators solution：creating and sustaining successful growth*. Boston：Harvard Business School Press，2003.

［26］ Burgelman R A, Christensen C M, Wheelwright S C. *Strategic management of technology and innovation（4th Ed.）*. Chicago：Irwin Publishers，2004：152 – 162.

［27］李艳荣、张晓原：《技术的资本属性与技术投资》，载《中国软科学》1995 年第 9 期。

［28］罗福凯、邓颖：《技术资本市场技术创新模式研究》，载《财会通讯》2012 年第 7 期。

［29］丁国安：《对技术资本化的看法》，载《国际经济合作》1987 年第 8 期。

［30］赵玉林、张学勇：《技术资本化的意义和途径》，载《科技进步与对策》2002 年第 9 期。

［31］韩寅：《资本技术化——技术资本的生成机制研究》，载《科技创业月刊》2016 年第 16 期。

［32］罗福凯、孙菁：《国外技术资本理论的兴起与发展》，载《科学管理研究》2016 年第 2 期。

［33］ Robert E, Evenson, Keith O F. Technology capital：the price of admission to the growth club. *Journal of Productivity Anal.*，2010（33）：173 – 190.

［34］罗福凯、连建辉：《生产要素的重新确认与国有经济结构调整》，载《学术评论》2001 年第 6 期。

［35］范徵：《论基于技术资本的核心创新能力》，载《工业工程与管理》2002 年第 3 期。

［36］宋琪：《试论技术资本的属性》，载《科学技术哲学研究》2004 年第 2 期。

[37] 周江：《技术资本在高新技术企业价值增值中的作用探析》，载《云南社会科学》2005 年第 1 期。

[38] 王伟光、李征：《技术资本价值增值效应：基本内涵、关键因素与政策取向》，载《经济管理》2007 年第 24 期。

[39] 罗福凯：《论要素资本——由一则故事引发的思考》，载《财经理论与实践》2009 年第 1 期。

[40] 罗福凯：《要素资本平衡表：一种新的内部资产负债表》，载《中国工业经济》2010 年第 2 期。

[41] 罗福凯：《异质资本边际替代率与技术资本配置水平分析——来自沪深两市高新技术企业的财务数据》，载《财务研究》2015 年第 1 期。

[42] 许秀梅：《技术资本营运活动分析》，载《改革与战略》2014 年第 4 期。

[43] 许秀梅：《技术资本与企业价值关系探析》，载《商业研究》2015 年第 3 期。

[44] 孙晶、张居营：《技术资本与创新型企业价值——联动视角的微观检验》，载《科学管理研究》2016 年第 5 期。

[45] 许秀梅：《环境规制、技术资本与企业价值》，载《现代财经—天津财经大学学报》2015 年第 9 期。

[46] 张睿：《技术资本与人力资本关系分析》，载《财会通讯》2012 年第 21 期。

[47] 许秀梅：《技术资本对企业价值的影响机理探究——来自全样本与不同地域、性质企业样本的分类比较》，载《山西财经大学学报》2015 年第 6 期。

[48] 许秀梅：《技术资本、人力资本与企业价值——异质性视角的微观检验》，载《山西财经大学学报》2016 年第 4 期。

[49] 孙晶、张居营：《技术资本与创新型企业价值——联动视角的微观检验》，载《科学管理研究》2016 年第 5 期。

[50] 李欣先、周红根：《股权性质、环境不确定性与技术资本配置

效率——来自 2008 - 2013 我国制造业上市公司的经验证据》，载《科技进步与对策》2016 年第 17 期。

[51] 孙焕伟、罗福凯：《我国制造业上市公司治理因素对技术资本影响的实证研究》，载《财会月刊》2011 年第 15 期。

[52] 王海龙、罗福凯：《技术资本投入与制造业收益研究——来自沪深两市高端装备制造业上市公司的证据》，载《财会通讯》2015 年第 36 期。

[53] 许秀梅：《技术资本对企业产出的影响》，载《商业时代》2015 年第 28 期。

[54] 许秀梅：《TMT 异质性对技术资本的影响机理探究——以民营高新技术企业为例》，载《财会月刊》2015 年第 26 期。

[55] 许秀梅：《技术资本、高管团队异质性与企业成长——国有与民营企业的对比分析》，载《中国科技论坛》2016 年第 2 期。

[56] Modigliani, F., Miller, M. H. The Cost of Capital, Corporation Finance and the Theory of Investment. *The American Economic Review*, 1958, 48 (3): 261 - 297.

[57] Myers, S. C., Majluf, N. Corporate Financing and Investment Decisions When Firms Have Information that Investors Do Not Have. *Journal of Financial Economics*, 1984, 13 (2): 187 - 221.

[58] Bernanke, B., Gertler, M. Agency Costs, Net Worth and Business Fluctuations. *American Economic Review*, 1989, 79 (1): 14 - 31.

[59] Biais, B., Gollier, C. Trade Credit and Credit Rationing. *Review of Financial Studies*, 1997, 10 (4): 903 - 937.

[60] 王竹泉、赵璨、王贞洁：《国内外融资约束研究综述与展望》，载《财务研究》2015 年第 3 期。

[61] Fazzari, S. M., Hubbard, R. G., Petersen, B. C., Blinder, A. S., Poterba, J. M. Financing Constraints and Corporate Investment. *Brookings Papers on Economic Activity*, 1988 (1): 141 - 206.

[62] Whited, T. M. Debt, Liquidity Constraints, and Corporate Invest-

ment: Evidence from Panel Date. *Journal of Finance*, 1992, 47 (4): 1425 – 1460.

［63］Kaplan, S. N., Zingales, L. Do Investment – Cash Flow Sensitivities Provide Useful Measures of Financing Constraints? . *Quarterly Journal of Economics*, 1997, 112 (1): 169 – 215.

［64］连玉君、程建：《投资—现金流敏感度：融资约束还是代理成本?》，载《财经研究》2007 年第 2 期。

［65］Moyen, N. Investment – Cash Flow Sensitive: Constrained versus Unconstrained Firms. *Journal of Finance*, 2004, 59 (5): 2061 – 2092.

［66］程六兵、刘峰：《银行监管与信贷歧视——从会计稳健性的视角》，载《会计研究》2013 年第 1 期。

［67］申慧惠、于鹏、吴联生：《国有股权、环境不确定性与投资效率》，载《经济研究》2012 年第 7 期。

［68］Gilchrist, S., Himmelberg, C. P. Evidence on the Role of Cash Flow for Investment. *Journal of Monetary Economics*, 1995, 36 (3): 541 – 572.

［69］况学文、施臻懿、何恩良：《中国上市公司融资约束指数设计与评价》，载《山西财经大学学报》2010 年第 5 期。

［70］郑志刚：《公司治理机制理论研究文献综述》，载《南开经济研究》2004 年第 5 期。

［71］Blair, M., Ownership and Control: *Rethinking Corporate Governance for the Twenty – First Century*, Washington: Brookings Institution.

［72］Shleifer A, Vishny R W. A Survey of Corporate Governance. *Journal of Finance*, 1997, 52 (2): 737 – 783.

［73］郑志刚：《对公司治理内涵的重新认识》，载《金融研究》2010 年第 8 期。

［74］郑志刚：《公司治理机制理论研究文献综述》，载《南开经济研究》2004 年第 5 期。

［75］郑志刚、许荣、林玲等：《公司治理与经理人的进取行为——

基于我国 A 股上市公司的实证研究》，载《金融评论》2013 年第 1 期。

[76] 闫冰：《代理理论与公司治理综述》，载《当代经济科学》2006 年第 6 期。

[77] 郑志刚：《法律外制度的公司治理角色———一个文献综述》，载《管理世界》2007 年第 9 期。

[78] René M. Stulz, Rohan Williamson. Culture, openness, and finance. *Journal of Financial Economics*, 2003, 70 (3): 313 – 349.

[79] 郑志刚、郑建强、李俊强：《任人唯亲的董事会文化与公司治理———一个文献综述》，载《金融评论》2016 年第 5 期。

[80] 顾群、翟淑萍：《融资约束、研发投资与资金来源———基于研发投资异质性的视角》，载《科学学与科学技术管理》2014 年第 3 期。

[81] Gugler K. *Corporate Governance and Economic Performance*. Oxford: Oxford University Press, 2001.

[82] Hall B H. Investment and Research and Development at the Firm-Level: Does the Source of Financing Matter?. NBER WorkingPaper, 1992.

[83] Ughetto E. Does Internal Finance Matter for R&D? New Evidence-from a Panel of Italian Firms. *Cambridge Journal of Economics*, 2008, 32 (6): 907 – 925.

[84] 刘振：《融资来源对公司 R&D 投资影响的实证分析———基于中国上市高新技术企业的经验数据》，载《中国科技论坛》2011 年第 3 期。

[85] 许秀梅：《融资约束与技术投资的相关性：一个综述》，载《会计之友》2015 年第 6 期。

[86] 董红星：《公司治理与技术创新：一个文献综述》，载《科技进步与对策》2010 年第 12 期。

[87] Stein J C. Takeover Threats and Managerial Myopia. *Journal of Political Economy*, 1988, 96 (1): 61 – 80.

[88] Baysinger B D, Kosnik R D, Turk T A. Effects of Board and Ownership Structure on Corporate R&D Strategy. *Academy of Management Journal*,

1991，34（1）：205 - 214.

［89］Sapra H.，Su Bbamanian A.，K Rishnamu Rthys. corporate governance and innovation：theory and evidence. working paper，March 30，2008.

［90］Hillier D，Pindado J，Queiroz V D，et al. The impact of country-level corporate governance on research and development. *Journal of International Business Studies*，2011，42（1）：76 - 98.

［91］鲁桐、党印：《公司治理与技术创新：分行业比较》，载《经济研究》2014 年第 6 期。

［92］Belloc F. Corporate Governance And Innovation：A Surver. *Journal of Economic Surveys*，2012，26（5）：835 - 864.

［93］党印、鲁桐：《公司治理与技术创新：两个基本模型》，载《财经科学》2014 年第 7 期。

［94］冉茂盛、刘先福、黄凌云等：《高新企业股权激励与 R&D 支出的契约模型研究》，载《软科学》2008 年第 11 期。

［95］董梅生：《公司治理与技术创新关系的实证研究》，载《科技与经济》2016 年第 1 期。

［96］叶德珠、张泽君、胡婧：《公司治理与技术创新关系的实证研究——基于中国省级区域面板数据》，载《产经评论》2014 年第 5 期。

［97］刘志滨：《技术资本与公司治理结构关系实证研究》，中国海洋大学，2009 年。

［98］永胜：《论技术资本与公司治理的关系》，中国海洋大学，2014 年。

［99］罗福凯、周红根：《股东特质与企业技术资本存量的效应分析——来自我国高端装备制造业上市公司证据》，载《东岳论丛》2014 年第 9 期。

［100］马歇尔：《经济学原理》下卷，商务印书馆 1965 年版。

［101］庞巴维克著，陈端译：《资本实证论》，商务印书馆 1964 年版。

[102] 罗福凯、孙健强：《资本理论学说的演进和发展研究》，载《东方论坛：青岛大学学报》2002 年第 2 期。

[103] R·科斯、A·阿尔钦、D·诺思：《财产权利与制度变迁：产权学派与新制度学派译文集》新 1 版，三联书店上海分店 1994 年版。

[104] 周明生、苏炜、卢名辉：《马克思与科斯产权理论在中国改革进程中的运用》，载《江海学刊》2009 年第 1 期。

[105]《马克思恩格斯选集》第 1 卷，人民出版社 1972 年版。

[106] 刘有贵、蒋年云：《委托代理理论述评》，载《学术界》2006 年第 1 期。

[107] 张维迎：《博弈论与信息经济学》，上海人民出版社 2012 年版。

[108] 刘有贵、蒋年云：《委托代理理论述评》，载《学术界》2006 年第 1 期。

[109] 辛琳：《信息不对称理论研究》，载《嘉兴学院学报》2001 年第 3 期。

[110] 卢福财：《企业融资效率分析》，经济管理出版社 2001 年版。

[111] Myers S C, Majluf N S. Corporate financing and investment decisions when firms have information that investors do not have. *Social Science Electronic Publishing*, 1984, 13 (2): 187 −221.

[112] 张璇：《融资优序理论在我国中小企业融资中的适用性问题研究》，天津财经大学，2010 年。

[113] 林梅：《投资理论研究文献综述》，载《财经理论与实践》2004 年第 3 期。

[114] 罗福凯、李鹏：《论要素资本理论中的技术、信息和知识》，载《东方论坛》2008 年第 5 期。

[115] 陈士俊、柳洲：《技术管理中的若干基本问题——从技术的本质谈起》，载《科学技术与辩证法》2005 年第 1 期。

[116] 许秀梅：《技术资本配置与企业价值分析》，中国海洋大学，2016 年。

[117] 罗福凯：《技术资本与中国企业投资方式的选择》，载《会计之友》2013 年第 5 期。

[118] Michael C. Jensen, William H. Meckling. Theory of the Firm: Managerial Behavior, Agency Costs and Ownership Structure. *Journal of Financial Economics*, 1976, 3（4）：305 – 360.

[119] Shleifer A, R Vishny. Management Entrenchment: The Case of Management-specific Investment. *Journal of Financial Economics*, 1989（25）：123 – 139.

[120] 张洪辉、王宗军：《经理私人成本与我国企业创新投资不足模型研究》，载《软科学》2009 年第 10 期。

[121] 周红根、鹿瑶、王常胜：《会计稳健性缓解抑或加剧技术资本非效率配置？——基于我国沪深 A 股上市公司微观证据》，载《现代财经（天津财经大学学报）》2017 年第 11 期。

[122] 王怀庭：《公司治理参与公司治理及其管理创新研究》，中国海洋大学，2014 年。

[123] 杨帆、陈肖丹：《企业生命周期对技术资本水平影响研究——基于机械制造业和信息技术业的数据》，载《财会通讯》2014 年第 3 期。

[124] 苗琦、鲍越、刘鹰：《人力资本与技术资本对我国海归创业意向影响》，载《科学学研究》2015 年第 7 期。

[125] 王咏梅：《高科技公司投资价值信息识别的实证研究》，载《统计研究》2003 年第 11 期。

[126] 罗福凯、于江、陈肖丹：《高端装备制造上市企业技术资本测度及收益分析》，载《经济管理》2013 年第 11 期。

[127] 秦善勇、卞艺杰、郭吉涛：《技术资本对技术创新的影响实证研究——以信息管理和知识管理为中介变量》，载《科技进步与对策》2011 年第 8 期。

[128] 唐辉亮：《人力资本结构、技术资本配置结构与产业转型升级能力研究》，载《统计与决策》2014 年第 2 期。

[129] 张之光、蔡建峰：《信息技术资本、替代性与中国经济增

长——基于局部调整模型的分析》，载《数量经济技术经济研究》2012年第 9 期。

[130] 魏秀梅、潘爱玲：《供给侧改革背景下技术资本优化配置与对策创新》，载《经济问题》2017 年第 3 期。

[131] 王小鲁、樊纲、余静文：《中国分省份市场化指数报告(2016)》，社会科学文献出版社 2016 年版。

[132] Barro R. , Sala-i-Martin X. . Convergence. *Journal of Political Economy*, 1992（100）：223 – 251.

[133] Carlino G, and MILLS L. Are U. S. regional incomes converging? . *Journal of Monetary Economics*, 1993, 32（2）：335 – 346.

[134] 沈坤荣、马俊：《经济增长的收敛性：一个理论分析框架》，载《江苏行政学院学报》2002 年第 3 期。

[135] 周亚虹、朱保华、刘俐含：《中国经济收敛速度的估计》，载《经济研究》2009 年第 6 期。

[136] 蔡昉、都阳：《中国地区经济增长的趋同于差异——对西部开发战略的研究》，载《经济研究》2000 年第 10 期。

[137] Strazicich M C, List J A. Are CO_2 emission Levels converging among industrial countries? . *Environmental and Resource Economics*, 2003, 24（3）：263 – 271.

[138] Ezcurra R. Is there cross-country convergence in carbon dioxide emissions? . *Energy Policy*, 2007, 35（2）：1363 – 1372.

[139] Aldy J E. Divergence in state-level per capita carbon dioxide emissions. *Land Economics*, 2007, 83（3）：353 – 369.

[140] 杨骞、刘华军：《中国碳强度分布的地区差异与收敛性——基于 1995～2009 年省际数据的实证研究》，载《当代财经》2012 年第 2 期。

[141] 许广月：《碳排放收敛性：理论假说和中国的经验研究》，载《数量经济技术经济研究》2010 年第 9 期。

[142] 王群伟、周鹏、周德群：《我国二氧化碳排放绩效的动态变化、区域差异及影响因素》，载《中国工业经济》2010 年第 1 期。

[143] 齐绍洲、罗威：《中国地区经济增长与能源消费强度差异分析》，载《经济研究》2007 年第 7 期。

[144] Markandya S, Pedroso Streimikiene D. Energy efficiency in transition economies: is there convergence towards the EU average? . *Social Science Research Network Electronic Paper*, 2004: 89.

[145] Mielnika O, Goldemberg J. Converging to a common pattern of energy use in developing and industrialized countries. *Energy Policy*, 2000, 28 (2): 503 – 508.

[146] 吴诣民、张凌翔：《我国区域技术效率的随机前沿模型分析》，载《统计与信息论坛》2004 年第 2 期。

[147] 赵伟、马瑞永：《中国经济增长收敛性的再认识——基于增长收敛微观机制的分析》，载《管理世界》2005 年第 11 期。

[148] 于君博：《前沿生产函数在中国区域经济增长技术效率测算中的应用》，载《中国软科学》2006 年第 11 期。

[149] 石风光、周明：《中国地区技术效率的测算及随机收敛性检验——基于超效率 DEA 的方法》，载《研究与发展管理》2011 年第 1 期。

[150] 岳书敬：《中国省级区域人力资本的收敛性分析》，载《科技进步与对策》2008 年第 6 期。

[151] 周天勇：《论我国的人力资本与经济增长》，载《青海社会科学》1994 年第 6 期。

[152] 黄乾、李修彪：《我国省域人力资本的收敛性分析——基于三种测算方法的比较》，载《人口与经济》2015 年第 4 期。

[153] 谢童伟、张锦华、吴方卫：《中国教育省际差距收敛分析及教育投入体制效应评价与改进——基于 31 个省（市）面板数据的实证分析》，载《当代经济科学》2011 年第 4 期。

[154] 韩海彬、李全生：《中国高等教育生产率变动分析：基于 Malmquist 指数》，载《复旦教育论坛》2010 年第 4 期。

[155] Jobert T, Karanfil F, Tykhonenko A. Convergence of per Capita carbon dioxide emissions in the EU: Legend or reality? . *Energy Economics*,

2010（32）：1364 – 1373.

［156］Bond Stephen，Anke Hoeffler and Jonathan Temple，"GMM Estimation of Empirical Growth Models"，CEPR discussion paper 2001，No. 3048.

［157］屈文洲、谢雅璐、叶玉妹：《信息不对称、融资约束与投资——现金流敏感性——基于市场微观结构理论的实证研究》，载《经济研究》2011 年第 6 期。

［158］韩东平、张鹏、HanDongping 等：《货币政策、融资约束与投资效率——来自中国民营上市公司的经验证据》，载《南开管理评论》2015 年第 4 期。

［159］Petersen B C，Himmelberg C P. R&D and Internal Finance：a Panel Data Study of Small Forms in High Tech Industries. 1994，76（1）：38 – 51.

［160］汪强、林晨、吴世农：《融资约束、公司治理与投资——现金流敏感性——基于中国上市公司的实证研究》，载《当代财经》2008 年第 12 期。

［161］夏良科：《人力资本与 R&D 如何影响全要素生产率——基于中国大中型工业企业的经验分析》，载《数量经济技术经济研究》2010 年第 4 期。

［162］解维敏、方红星：《金融发展、融资约束与企业研发投入》，载《金融研究》2011 年第 5 期。

［163］陈海强、韩乾、吴锴：《融资约束抑制技术效率提升吗？——基于制造业微观数据的实证研究》，载《金融研究》2015 年第 10 期。

［164］何金耿、丁加华：《上市公司投资决策行为的实证分析》，载《证券市场导报》2001 年第 9 期。

［165］连玉君、程建：《投资——现金流敏感性：融资约束还是代理成本？》，载《财经研究》2007 年第 2 期。

［166］鞠晓生：《中国上市企业创新投资的融资来源与平滑机制》，载《世界经济》2013 年第 4 期。

［167］王明虎、席彦群：《资产规模、融资路径与商业信用供给》，

载《商业与经济技术管理》2013 年第 2 期。

[168] Hayashi F. Tobin's Marginal q and Average q: A Neoclassical Interpretation. *Econometreca*, 1982, 50 (1): 213 – 224.

[169] 连玉君、苏治:《融资约束、不确定性与上市公司投资效率》，载《管理评论》2009 年第 1 期。

[170] Battese G. E. and T. J. ford, and D. M. Goelli. A model for technical inefficient effects in a stocchastic frontier production function for panel data. *Empirical Economics*, 1995, 20 (2): 328 – 331.

[171] Caudill S. B., J. M. Ford, and D. M. Gropper. Frontier estimation and firm-specific inefficiency measures in the presence of heterosexuality. *Journal of Business and Economic Statistics*, 1995, 13 (1): 105 – 111.

[172] 冯根福、睢博、赵玮:《融资约束对战略性新兴产业投资效率的影响——基于异质性随机前沿模型的实证研究》，载《陕西师范大学学报（哲学社会科学版)》2015 年第 4 期。

[173] 张宗益、郑志丹:《融资约束与代理成本对上市公司非效率投资的影响——基于双边随机边界模型的实证度量》，载《管理工程学报》2012 年第 2 期。

[174] 王桂花:《会计稳健性、企业投资效率与企业价值——来自中国上市公司的经验证据》，载《山西财经大学学报》2015 年第 4 期。

[175] 孙早、肖利平:《产业特征、公司治理与企业研发投入——来自中国战略性新兴产业 A 股上市公司的经验证据》，载《经济管理》2015 年第 8 期。

[176] Hirano K, Imbens G W. *The Propensity Score with Continuous Treatments*. Applied Bayesian Modeling and Causal Inference from Incomplete – Data Perspectives: An Essential Journey with Donald Rubin's Statistical Family, 2004: 73 – 84.

[177] 谷丰、张林:《管理者权力、机构投资者持股与 R&D 投入——基于企业生命周期视角的实证研究》，载《内蒙古社会科学（汉文版)》2016 年第 6 期。

[178] 邵敏、包群:《政府补贴与企业生产率——基于我国工业企业的经验分析》,载《中国工业经济》2012年第7期。

[179] 李延喜、陈克兢:《终极控制人、外部治理环境与盈余管理——基于系统广义矩估计的动态面板数据分析》,载《管理科学学报》2014年第9期。

[180] 李建标、李帅琦、王鹏程:《两职分离形式的公司治理效应及其滞后性》,载《管理科学》2016年第1期。

[181] 苏顺海、李小健:《我国上市公司治理效率影响因素研究——基于 DEA – Tobit 两步法的实证分析》,载《广西社会科学》2014年第7期。

[182] 何建国、张欣、周曙光:《上市公司内控信息披露质量及影响因素——基于公司治理视角的经验证据》,载《山西财经大学学报》2011年第3期。

[183] 许江波、朱琳琳:《上市公司内部控制信息披露影响因素实证研究——基于深市主板 A 股上市公司 2009 年数据分析》,载《首都经济贸易大学学报》2011年第5期。

[184] 高雷、宋顺林:《公司治理与公司透明度》,载《金融研究》2007年第11期。

[185] 林勇、连洪泉、谢军:《外部治理环境与公司内部治理结构效应比较》,载《中国工业经济》2009年第1期。

[186] Chirinko R. S. and H. Schaller. Why does liquidity matter in investment equations? . *Journal of Money*, *Credit and Banking*, 1995 (27): 527 – 548.

[187] 何强、陈松:《董事会运作、研发投入与公司绩效——基于中国制造业上市公司的经验分析》,载《山西财经大学学报》2012年第5期。

[188] 蔡逸轩、雷韵文:《股权结构、高管激励与研发投资——基于高新技术上市公司的实证研究》,载《财会通讯》2012年第18期。

[189] 肖作平、陈德胜:《公司治理结构对代理成本的影响——来自

中国上市公司的经验证据》，载《财贸经济》2006 年第 12 期。

[190] 蔡吉甫：《融资约束抑或代理冲突？——上市公司非效率投资动因研究》，载《财经论丛》2012 年第 3 期。

[191] 张功富、宋献中：《我国上市公司投资：过度还是不足？——基于沪深工业类上市公司非效率投资的实证度量》，载《会计研究》2009 年第 5 期。

[192] Kumbhakar S, Parmeter C. The effects of match uncertainty and bargaining on labor market outcomes: evidence from firm andworker specific estimates. *Journal of Productivity Analysis*, 2009 (1): 1 – 14.

后　记

作为我的首部专著，一直以来对于本书的出版倍感惶恐。本书是在我的博士论文基础上形成的研究成果和具体思考。

本书的形成，离不开老师、单位领导和同事、家人的支持。

感谢我的工作单位：齐鲁工业大学（山东省科学院）。2005年硕士毕业后进入齐鲁工业大学（山东省科学院）工作至今，得到了齐鲁工业大学（山东省科学院）管理学院的历任领导、同事的关心和支持。感谢齐鲁工业大学（山东省科学院）管理学院王永国书记、李晔院长、邹志勇处长、杜同爱教授、陈加奎教授、李欣先博士、李传军博士、魏秀梅博士、刘德胜博士、油永华博士等对本书出版的支持和帮助。

感谢我的博导中国海洋大学管理学院罗福凯教授。罗老师亦师亦父，严谨的治学态度和高尚的品德，对我潜移默化地产生影响，是我一生育人、治学和为师的榜样，也是我最敬重的人。

本书的出版离不开家人的支持，感谢我的父母、爱人及儿子。特别是我的父母，脸朝黄土、艰辛茹苦一辈子。儿子远在外省，不能膝前尽孝，还累及双亲日夜牵挂。每思及此，泪流满面，深感愧疚。最后感谢我的爱人和儿子，由于你们的理解才让我顺利完成学业。

由于自身水平有限，本书仅是从一个理论框架的基础上分析和检验技术资本非效率投资，仅勾勒出我最初的设想，抛砖引玉，希望更多的学者参与微观企业的技术资本的研究中来。

最后，本书得到了齐鲁工业大学人文社科优秀青年学者支持计划资助出版，在此表示感谢！

周红根

2020年6月于济南